통째로 익히는
덩어리 학습법!
Speaking
VOCA
스피킹 보카

Speaking VOCA

스피킹 보카

초판 인쇄일 | 2012년 7월 9일

초판 발행일 | 2012년 7월 13일

지은이 | Jin Kim / **Dialogue** 집필 Kimberly Hogg · SJ Lee

발행인 | 박정모

발행처 | 도서출판 혜지원

주소 | 서울시 동대문구 장안1동 420-3호

전화 | 02)2212-1227

팩스 | 02)2247-1227

홈페이지 | http://www.hyejiwon.co.kr

편집진행 | 김형진, 이희경

본문디자인 | 김보라

표지디자인 | 안홍준

영업마케팅 | 김남권, 황대일, 서지영

ISBN | 978-89-8379-752-0

정가 | 14,500원

Speaking VOCA

스피킹 보카

Jin Kim 지음

Kimberly Hogg, SJ Lee Dialogue 집필

혜지원

머리말 **Preface**

머릿속이나 책 속에 있는 단어들은 그 자체만으로도 의미가 있지만, 실제 상황 속에서의 쓰임을 보면 더욱 다양하게 활용할 수 있으며 새로운 의미까지 발견할 수 있습니다. 또한, 그 어휘와 연관이 있거나 유사한 의미의 단어와 결합하면 그 의미들이 하나의 덩어리가 되어 머릿속에서 더 확실하게 각인되고 쉽게 잊히지 않습니다. 단순한 암기가 아닌 연관 단어들을 상황을 통해 형상화하여 하나의 덩어리 통째로 이해하는 학습법이 바로 Speaking VOCA의 획기적인 학습법입니다.

단어의 결합과 배열이라는 의미의 '연어'는 한마디로 '덩어리(Chunk)'라고 할 수 있습니다. 덩어리로 어휘학습을 하면 개별단어의 의미가 명확해지고 그 기억이 쉽고 오래 남는다는 연구 결과도 있습니다. 이러한 '덩어리 학습'은 특정상황에 적합한 어휘를 쉽게 결합해 사용할 수 있도록 도와주고, 어휘 간의 다양한 결합방식이나 그 어휘가 쓰일 수 있는 상황을 쉽게 형상화할 수 있도록 해줍니다.

우측의 이미지는 이 책 본문의 구성입니다.

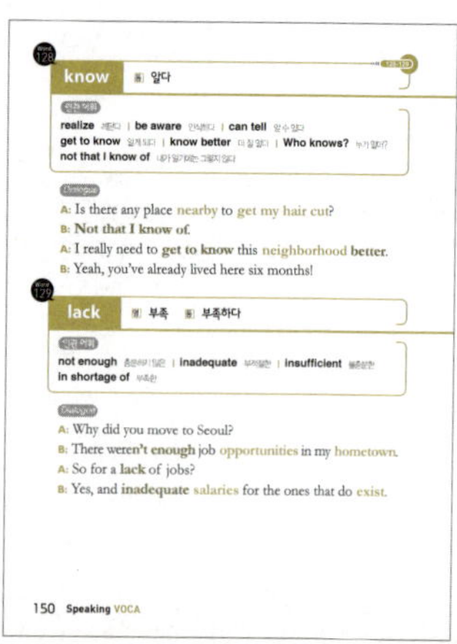

이 책에서는 우선 표제어가 제시되고 그 표제어의 연관 어휘를 덩어리로 묶었습니다. 이 연관 어휘들은 대화문 덩어리가 되어 상황별로 연상되는 표현들이 다시 덩어리로 뭉칩니다. 따라서 300개가 넘는 표제어에서 1,500개 이상의 연관 어휘들이 파생되고, 그 연관 어휘들이 사용된 생생한 상황별 대화문까지 다루어 실제 회화에서의 Speaking 능력까지 향상하도록 구성했습니다.

이 책을 특히 OPIc, TOEIC Speaking, TOEIC, 인터뷰 영어 등의 영어시험을 준비하는 독자에게 추천합니다. Speaking에 필요한 어휘의 의미와 쓰임을 다양하게 습득하여 구사하도록 구성했기 때문에 대화문을 여러 번 듣고 반복해 따라 한다면 좋은 결과를 얻을 것이라고 확신합니다.

이 책이 영어시험을 준비하는 대학생이나 직장인들, 더 나아가 중·고생을 위한 어휘비법서로 도움이 되기를 간절히 바라는 마음입니다.

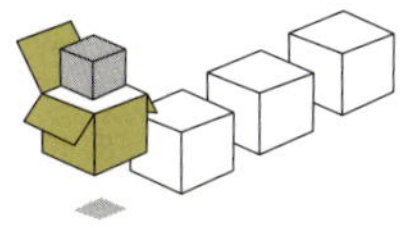

책의 구성 About this book

❶ **표제어** 회화에서 초급 학습자가 반드시 익혀야 할 필수어휘 308 단어를 A~Z까지 분류하여 제시했습니다.

❷ **의미** 표제어의 의미를 품사와 함께 제시하였습니다.

❸ **연관 어휘** 표제어와 유사한 의미이거나 연관이 있는 단어·숙어를 제시하여 폭넓은 어휘 학습을 하도록 했습니다.

❹ **대화문** 표제어와 연관 어휘가 사용된 상황별 대화문을 통해 해당 단어들이 실제 회화에서 어떻게 활용되는지 보여줍니다. 문장을 통해 단어를 쉽게 이해하고, 단순 암기가 아닌 문장 속에서의 활용까지 접할 수 있으므로 Speaking 능력 향상에도 도움이 됩니다.

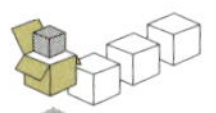

5 alone 단독으로, 혼자 | **bet** 틀림 없다(무엇에 대한 확신의 표현)
organizer 주최자, 조직자

6 A: 와. 여기 사람 많은가 보다.
B: 이 레스토랑에만도 수천 명은 있을 것 같은데.
A: 주최자 돈 정말 많이 벌겠다.
B: 아주 좋은 생각이었지!

7  *SPEAKING TIP!*

plenty of

'많은'이라는 의미로 plenty of를 사용합니다. plenty 하나로도 '많음, 풍부한 양'이라는 뜻이지만 '많은~'이라는 표현을 할 때는 plenty of로 사용합니다. 하지만 이것이 의문문이나 부정문에 사용되는 경우에는 enough로 대체됩니다.

---

5 확장 어휘 대화문에서 다룬 주요 표현을 정리했습니다. 표제어 이외의 주요 표현들도 학습할 수 있습니다.

6 해석 대화문의 한글 해석입니다. 최대한 영어의 뉘앙스를 살려 해석했습니다.

7 Speaking Tip Speaking 실력 향상에 도움이 되는 표현과 혼동하기 쉬운 문법 포인트를 알기 쉽게 설명하여 영어의 감각을 다질 수 있도록 했습니다.

 표제어, 연관 어휘, Dialogue를 원어민의 발음으로 들어볼 수 있는 MP3 파일명입니다.

목차 및 인덱스 Contents & Index

Chapter **3** G~I

목 차 및 인 덱 스   Contents & Index

Chapter 6 S

목차 및 인덱스 Contents & Index

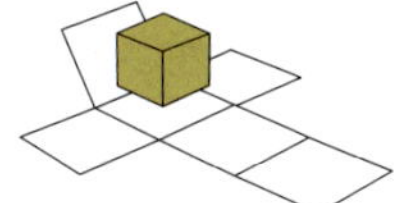

Speaking VOCA

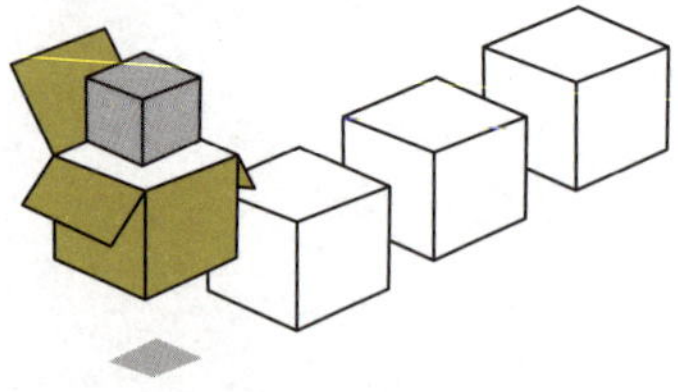

Chapter 01

A~C

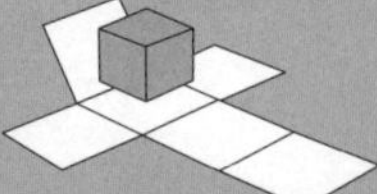

able · accept · accident · admit
advice · agree · alone · angry
argue · arrive · ask · attack
available · avoid

behave · believe · blame · boast
boring / bored · bother · break
breath · bring · busy

calm · careful · cause · chance
change · cheap · clear · clumsy
comfortable · competition
complain · confused · convenient
copy · courage · criticize · curious

Word 001

able   형   ~을 할 수 있는, 재능이 있는, 능력이 있는

연관 어휘

skillful 솜씨 좋은 | **skilled** 숙련된 | **gifted** 재능이 있는 | **qualified** 자격이 있는
be good at ~을 잘하다 | **have a talent** 재능(소질)이 있다 | **expert** 전문가

Dialogue

A: You must be **able** to swim to **apply for** this job.

B: Of course, I'**m** well **aware of** that.

A: Why should I **hire** you?

B: I'm a swimming **expert** and I **am good at** dealing with people.

Word 002

accept   동   받아들이다

연관 어휘

agree 동의하다 | **welcome** 환영하다 | **take** 가지고 가다, 받아들이다

Dialogue

A: I'm very sorry.

B: I **accept** your **apology**.

A: That's very **generous** of you.

B: I'll **take** that as a **compliment**.

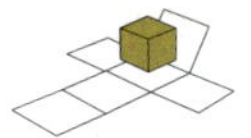

apply for ~에 지원하다 | **be aware of** ~을 알다 | **hire** 고용하다
deal with ~을 다루다

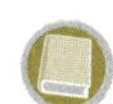
A: 이 일에 응시하기 위해서는 수영을 할 수 있어야 합니다.
B: 물론이죠, 잘 알고 있습니다.
A: 제가 왜 당신을 고용해야 하나요?
B: 저는 수영 전문가이며 사람 상대에 능하기 때문입니다.

apology 사과 | **generous** 관대한 | **compliment** 칭찬

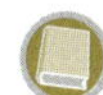
A: 정말 죄송합니다.
B: 사과를 받아들이죠.
A: 참 인자하시네요.
B: 칭찬으로 듣겠습니다.

SPEAKING TIP!

can과 be able to의 차이는?

can과 be able to는 '~할 수 있다'라는 가능성을 나타내는 뜻으로 의미는 차이가 거의 없지만, can은 주어로 사람/사물이 모두 올 수 있는 반면, be able to는 사람을 주어로 씁니다.

003-004

accident 명 사고, 차량충돌

연관 어휘

crash 충돌 | **wreck** 난파 | **collision** 대참사 | **disaster** 대참사
be run over 차에 치이다

Dialogue

A: What **happened** to you?

B: I was in a car **accident** last week.

A: Oh no! Are you okay?

B: Yeah, but my car is a **complete wreck**.

admit 동 (마지못해) 인정하다

연관 어휘

acknowledge 알리다 | **confession** 자백

Dialogue

A: So you **admit** that you were wrong?

B: Yes, I **acknowledge** my **mistake**.

A: Please use this pen and paper to **write down** your **confession**.

B: Yes, sir.

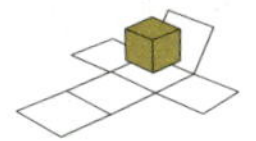

happen (계획하지 않은 일이) 발생하다 | **complete** 완벽한

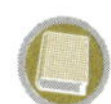
A: 무슨 일이야?
B: 지난주에 차 사고가 있었어.
A: 이런! 괜찮아?
B: 응, 하지만 내 차는 완전히 부서졌어.

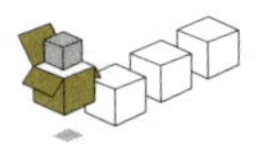

mistake 실수 | **write down** ~을 적다

A: 그래서, 당신의 잘못을 인정하는 거죠?
B: 네, 제가 잘못했어요.
A: 그럼 이 펜과 종이로 당신의 자백을 쓰도록 하세요.
B: 알겠습니다.

SPEAKING TIP!

관계대명사

관계대명사도 일반대명사와 마찬가지로 격을 가지는데, 주격관계대명사 뒤에 be동사가 오는 경우는 함께 생략되기도 합니다. 또한, 목적격 관계대명사도 종종 생략되는 경우가 있는데 pick one (that) you want가 목적격 관계대명사가 생략된 경우입니다.

Word 005

advice　명　충고

advise 충고하다 | **suggest** 제안하다 | **tip** 팁, 조언
give someone a piece of advice ~에게 한마디 충고를 하다

Dialogue

A: My friend **is interested in** a girl and he **asked** me **for** some **advice**.

B: What did you **suggest**?

A: I told him just to be himself!

B: That's always a great idea. I should **remember** that **tip** myself!

Word 006

agree　동　동의하다

go along with ~와 잘 지내다 | **reach an agreement** 합의에 이르다
compromise 협상하다 | **see eye to eye** 의견을 같이하다
you can say that again 전적으로 동의한다

Dialogue

A: Although we **were**n't **able to see eye to eye** on everything, we were able to **reach an agreement**.

B: It's good you were able to **compromise**. The boss will **be pleased**.

A: **You can say that again**!

B: It was a pretty good **business trip**.

be interested in ～에 관심이 있다 | **ask for** ～에 대해 묻다
remember ～에 대해 묻다

A: 내 친구가 한 여자에게 관심이 있는데 나에게 조언을 구했어.
B: 그래서 어떻게 하라고 했니?
A: 그냥 있는 그대로 행동하라고 했지!
B: 그게 항상 좋은 생각이지. 나도 그 조언을 기억해야겠어!

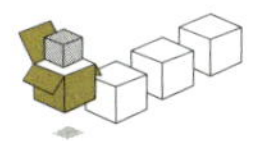

be able to ～할 수 있다 | **be pleased** 반가워하다
business trip 출장

A: 우리가 모든 것에 동의하지는 않지만, 합의에 이를 수 있었습니다.
B: 자네가 타협을 할 수 있었다는 게 잘 된 일이지. 사장님께서 기뻐하실 거야.
A: 그렇고 말고요!
B: 정말 성공적인 출장이었네.

SPEAKING TIP!

agree to와 be agree with의 차이는?

agree는 '동의하다'라는 의미로 토론 등에서 자주 사용됩니다. agree to는 '제안'이나 '의견'에 동의할 때, agree with는 '사람'에게 동의할 때 각각 사용합니다.

Word 007

alone 형 혼자, 홀로

연관 어휘

on your own 혼자 | **by myself** 혼자 | **all by myself** 나 홀로
single-handed 혼자 힘으로

Dialogue

A: I made 100 **heads** of kimchi this year **by myself**.
B: **Single-handedly**?
A: Yeah, my family is all **overseas**, so I was **alone**.
B: That's **impressive**!

Word 008

angry 형 화난

연관 어휘

annoyed 짜증이 난 | **furious** 격분한 | **hot-tempered** 성격이 급한
lose one's mind(temper) 흥분하다 | **grumpy** 심술이 난 | **grouchy** 토라진

Dialogue

A: I **accidentally** broke my dad's favorite watch last night.
B: I'm sure he was **angry**.
A: He was **furious**! **Apologizing** didn't seem to help.
B: Don't take it too hard. He's got a **short temper**.

 **head** 머리 | **overseas** 해외에 | **impressive** 인상적인

 **A:** 올해 저 혼자 100포기의 김치를 담갔어요.

B: 혼자 힘으로?

A: 네, 가족 모두 해외에 나가 있어서 저 혼자 있었어요.

B: 인상적인데!

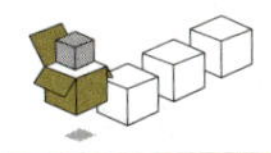

 **accidentally** 우연히 | **apologize** 사과하다 | **short temper** 급한 성미

 **A:** 나 어젯밤 실수로 아버지가 제일 아끼는 시계를 고장 냈어.

B: 화나셨겠는걸.

A: 광분하셨지! 죄송하다고 해도 소용이 없더라고.

B: 너무 심각하게 생각하지는 마. 욱하는 성격이시잖니.

 ### SPEAKING TIP!

전치사와 재귀대명사

명사 뒤에 –self/-selves를 붙여 만드는 대명사를 재귀대명사라고 합니다. 이런 재귀대명사는 전치사와 함께 관용적으로 사용되기도 합니다. by oneself는 '혼자서, 홀로'라는 의미로 for oneself는 '혼자의 힘으로'라는 뜻으로, of inself는 '저절로'라는 의미입니다.

Word 009

argue
동 논쟁하다, 주장하다

연관 어휘

quarrel 말다툼 | **have a fight** 싸우다 | **disagree** 동의하지 않다

Dialogue

A: My wife and I **had a fight** last night.

B: What were you **arguing** over this time?

A: I left my **socks** on the **floor** again. She thinks I'm lazy.

B: People **quarrel** over the **dumbest** things.

Word 010

arrive
동 도착하다

연관 어휘

get 받다, 얻다 | **get to** ~에 도착하다 | **come** 오다 | **reach** ~에 닿다
show up 나타나다

Dialogue

A: When did they get in?

B: Their plane **arrived** just after ten.

A: Did it take them long to **get through immigration**?

B: No, we **got** home by **midnight**.

 **socks** 양말 | **floor** 바닥 | **dumbest** dumb(멍청한)의 최상급

 **A:** 어제 부인하고 싸웠어.

B: 이번엔 무슨 일로 싸웠어?

A: 내가 또 바닥에 양말을 벗어뒀지 뭐야. 그녀는 내가 게으르대.

B: 사람들은 참 멍청한 일로 싸우는군.

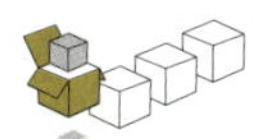

 **get through** 통과하다 | **immigration** 이민, 출입국 관리소
midnight 자정

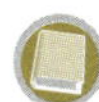 **A:** 그들은 언제 도착했어?

B: 비행기가 10시 넘어서 도착했어.

A: 출국심사 통과하는 데 오래 걸렸대?

B: 아니, 12시에는 집에 도착했어.

 ## SPEAKING TIP!

최상급과 복수명사의 쓰임

[one of the 최상급 복수명사]의 구조로 최상급과 복수명사가 함께 사용되기도 합니다. one of the tallest boys를 보면, 한 학급에서 가장 큰 학생은 한 명이지만, 여러 학급이 모여 있을 경우, '가장 큰 학생들 중 한 명'이라는 상황이 됩니다.

Word 011

011-012

ask   동   요청하다

연관 어휘

demanding 요구가 많은 | **beg** 애원하다 | **order** 명령, 주문 | **request** 요구하다

Dialogue

A: What could I do? It was a **direct order**.

B: You could **ask** him to change his mind.

A: Not **likely**. If my boss says, "Jump", I jump.

B: He seems **rather demanding**.

Word 012

attack   동   공격하다

연관 어휘

assault 공격하다 | **invade** 침략하다 | **raid** 급습 | **break into** ~에 침입하다

Dialogue

A: Did you hear the news? The **military invaded** Grenada **overnight**.

B: I heard there was an **attack** on the **palace**.

A: Yes. I think the king knew the **raid** was coming, **though**.

B: He must have. I heard he **escaped**.

 **direct** 직접적인 | **likely** ~할 것 같은 | **rather** 꽤, 약간

A: 어떻게 해야 하지? 직접적인 명령이었는데.
B: 마음을 바꿔보라고 요청할 수는 있지.
A: 그렇게는 안 돼. 사장님이 "뛰어"라고 말하면 난 뛰어야 하거든.
B: 사장님이 꽤 요구사항이 많으시구나.

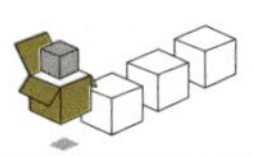

 **military** 군대 | **overnight** 밤사이에 | **palace** 궁전
though 그렇지만 | **escape** 달아나다, 탈출하다

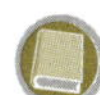
A: 그 소식 들었어? 밤사이에 군대가 그레나다를 침략했대.
B: 궁전이 공격받았다는 소식은 들었어.
A: 맞아. 그렇지만, 왕은 급습에 대해 알고 있었던 것 같아.
B: 그랬겠지. 그는 탈출했다던데.

 **SPEAKING TIP!**

must have p.p의 용법

조동사 must에는 '~해야만 한다'라는 의무의 뜻 이외에도 '~임에 틀림 없다'라는 강한 추측의 의미도 있습니다. [must have+과거분사]는 과거의 일에 대한 강한 추측의 의미로 '~했음에 틀림이 없다'라는 뜻으로 사용합니다.

Word 013

available
형 이용할 수 있는

연관 어휘

spare 여분의 | **free** 자유로운

Dialogue

A: Do you have any **spare** time this weekend?
B: Sure. I'm **available** all day Saturday.
A: Would you mind helping me paint the **shed**?
B: No problem at all. You have beer in the **fridge**, right?

Word 014

avoid
동 피하다

연관 어휘

evade 빠져나가다 | **dodge** 기피하다

Dialogue

A: Sam's been **dodging** the **principal** all week.
B: What did he do this time?
A: He put frogs in the **teachers' room**!
B: That's funny! He won't be able to **avoid** the principal **for long**, though.

Would you mind ~ing? ～좀 해주시겠습니까? | **shed** 헛간
fridge 냉장고

A: 이번 주말에 시간 좀 있어?

B: 그럼. 토요일 내내 시간 있어.

A: 창고 페인트칠하는 것 좀 도와줄래?

B: 문제없지. 냉장고에 맥주는 있지?

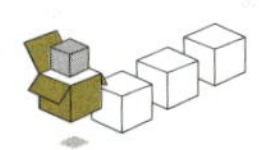

principal 교장 | **teachers' room** 교무실 | **for long** 오랫동안

A: 샘이 이번 주 내내 교장 선생님을 피해 다니던데.

B: 이번에는 또 무슨 일을 저질렀대?

A: 교무실에 개구리를 집어 넣었대.

B: 웃긴다! 하지만 교장 선생님을 오래 피해 다니지는 못 할 거야.

SPEAKING TIP!

do는 팔방미인

do는 '～하다'라는 뜻 이외에도 의문문이나 부정문을 만드는데 사용합니다. do는 앞에 나온 동사의 의미를 대신해주는 역할을 하기도 하는데, 앞에 나온 명사를 대신해주는 것을 '대명사(pronoun)'라고 하듯 이런 경우 do를 '대동사'라고 합니다.

Word 015

behave 동 (특정한 방식으로) 행동하다

연관 어휘

act 행동하다 | **treat** 다루다

Dialogue

A: Your children **behave** so well!

B: That's very kind of you to say.

A: It's true. They always **act** so **politely**.

B: They know it's important to **treat** others with **kindness**.

Word 016

believe 동 믿다

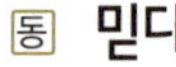

연관 어휘

believe in ∼의 존재를 믿다 | **accept** 받아들이다 | **take in** 받아들이다

Dialogue

A: Can you **believe** this?

B: What's up?

A: This paper says a **judge accepted** a **bribe** from a **defendant**!

B: That's something the people aren't likely to accept.

 **politely** 예의바르게 | **kindness** 친절

A: 애들이 참 착하네요!

B: 별말씀을요.

A: 사실이에요. 언제나 예의 바르게 행동하네요.

B: 다른 사람들에게 친절하게 대하는 것이 중요하다는 것을 알아요.

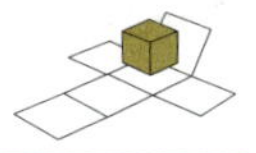

 **judge** 판사 | **bribe** 뇌물 | **defendant** 피고

A: 이게 믿겨져?

B: 무슨 일인데?

A: 판사가 피고로부터 뇌물을 받았대!

B: 그런 일은 사람들이 그냥 넘어가지는 않겠는걸.

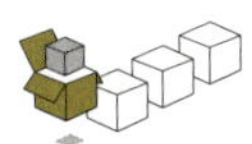

 **SPEAKING TIP!**

take

'잡다, (물건을) 취하다'라는 의미 이외에도 '시간이나 노력이 걸리다, 필요하다'라는 표현을 위해 동사 take를 사용합니다. It takes two to tango.의 경우 직역하면 '탱고를 추기 위해 두 사람이 필요하다.'이지만 이와 유사한 우리말 속담은 '손바닥도 마주쳐야 소리가 난다.'라는 표현입니다.

blame 동 비난하다

연관 어휘

accuse 비난하다 | **the blame on somebody** ~를 질책하다
point a finger at ~을 손가락질하다 | **be to blame** ~에 대해 책임이 있다

Dialogue

A: My sister **blamed** me for her bad **grades** at school!
B: Really? How could you **be to blame**?
A: She **accused** me of being too **noisy** when she's studying.
B: Is it true?

boast 동 뽐내다

연관 어휘

brag 떠벌리다 | **crow** 자만하다 | **gloat** (자신의 성공에) 흡족해 하다

Dialogue

A: Look at him, **gloating** about his **promotion**.
B: Nobody likes it when people **boast** like that.
A: I don't think I'll wish him **congratulations** if he keeps
bragging about it.
B: Me, neither.

grade 성적 | **noisy** 시끄러운

A: 내 동생이 자기 성적 나쁜 걸 내 탓을 하더라!
B: 정말? 그게 왜 네 탓이야?
A: 공부할 때 내가 너무 시끄러웠다고 하는 거지.
B: 그게 사실이야?

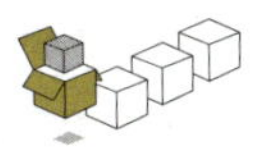

promotion 승진 | **congratulation** 축하

A: 저 사람 좀 봐. 승진했다고 자랑이네.
B: 저렇게 잘난척하면 아무도 좋아하지 않지.
A: 난 그가 계속 저렇게 자랑하면 축하할 마음이 생기지 않을 거야.
B: 나도 마찬가지야.

SPEAKING TIP!

허락을 구하는 can과 could

가능과 허락의 의미를 가진 조동사 can의 과거형은 could입니다. 하지만 could는 현재시제에서 허락을 구하는 의미로 사용할 수도 있습니다. 이 경우 could는 can 보다 더 정중한 의미로 사용합니다.

boring / bored 　형 지겨운, 재미없는

019-020

연관 어휘

tedious 따분한 | **monotonous** 단조로운 | **dull** 따분한

Dialogue

A: How many more letters need to go in **envelopes**?
B: About 300.
A: This is really **tedious**.
B: It's **monotonous**, but with your **company** it's not as **boring**!

bother 　동 괴롭히다

연관 어휘

tease 놀리다 | **annoy** 화나게 하다 | **irritate** 짜증나게 하다

Dialogue

A: My brother likes to **tease** our younger sister a lot.
B: Well, she's **kind of annoying**, too.
A: You're right. They really know how to **irritate each other**.
B: **As long as** they don't **bother** you!

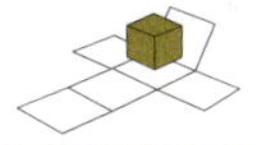

 **envelope** 봉투 | **company** 일행

A: 몇 장의 편지를 더 봉투에 넣어야 해?
B: 300장 정도.
A: 이거 진짜 따분하다.
B: 단조로운 일이긴 하지만 네가 함께 해주면 지겹지 않아!

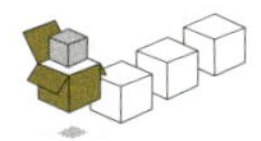

 **kind of** 약간 | **each other** 서로 | **as long as** ~하기만 하면

A: 내 남동생이 여동생을 많이 놀려.
B: 음, 여동생이 쫌 짜증나게 굴기도 해.
A: 맞는 말이야. 서로를 어떻게 짜증나게 하는지 아는 거지.
B: 너만 괴롭히지 않으면 되지 뭐!

 *SPEAKING TIP!*

more를 사용한 비교급

형용사나 부사의 비교급을 만들기 위해 형용사나 부사의 원급에 er을 붙입니다. 하지만 expensive와 같이 모음이 3개 이상 포함되어 있는 단어는 er를 붙이지 않고 more를 앞에 써서 비교급을 만듭니다. 예) more expensive 더 비싼

break 명 휴식, 중단   동 깨다, 부수다

연관 어휘

crack 금이 가다 | **shatter** 산산조각 나다 | **smash** 으깨다

Dialogue

A: I heard something **break**. Are you okay?

B: Yes, thank you.

A: What happened?

B: I dropped a **bowl** on the floor and it **shattered**. **Watch your step!**

breath   명 숨

연관 어휘

take a deep breath 숨을 깊이 들이쉬다 | **breathe in** 숨을 들이쉬다
breath out 숨을 내쉬다 | **sigh** 한숨을 쉬다 | **gasp** 숨을 헐떡거리다
breathless 숨이 찬

Dialogue

A: Okay, now **take a deep breath**.

B: (*Breathes in*)

A: Say, "Aaah."

B: Aaaaah – **choo**!

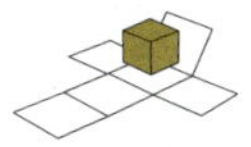

bowl 그릇 | **watch one's step** ~의 발밑을 조심하다

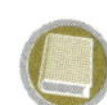
A: 뭔가 깨지는 소리를 들었어. 너 괜찮아?

B: 응, 고마워.

A: 무슨 일이야?

B: 그릇을 바닥에 떨어뜨려서 산산조각이 났어. 발 조심해!

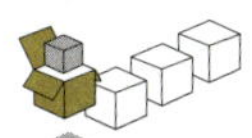

choo 에취

A: 좋아요, 이제 숨을 깊게 들이쉬세요.

B: (숨을 들이쉰다)

A: "아" 해보세요.

B: 아~ 에취!

SPEAKING TIP!

명령문을 만들 때 주의할 것은?

'~해라' 형태의 명령문은 동사를 문장의 앞으로 보내서 만들 수 있습니다. 명령문을 부정하는 부정 명령문도 일반동사나 be동사를 이용해 부정문을 만들 듯 부정어를 동사 앞에 써주면 됩니다.

Word 023

bring   동 가져오다

연관 어휘

take 가지고 가다 | **fetch** 가지고 오다

Dialogue

A: Could you **bring** me the **cookbook** off the table? My hands are full.

B: No problem. Anything else?

A: Could you **take** the **muffins** out of the **oven**? I think they're done.

B: **Sure thing**.

Word 024

busy   형 바쁜

연관 어휘

up to my neck (일 등이) 많이 쌓여있는 | **hectic** 몹시 바쁜
be snowed under (with something) (특히 많은 일에) 파묻히다

Dialogue

A: I don't think I can make the movie tonight.

B: That's too bad. Why not?

A: My boss **dumped** a **last-minute** project on me this afternoon. **I'm** a bit **snowed under**.

B: Oh, that's **terrible**. Call me when you're not **busy** and we'll go another time.

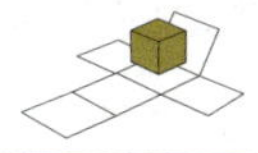

 **cookbook** 요리책 | **muffin** 머핀 | **oven** 오븐 | **sure thing** 물론이지

A: 탁자 위에 요리책 좀 가져다 줄래? 나는 들 손이 없네.
B: 그래. 또 다른 건?
A: 오븐에서 머핀 좀 꺼내 줄래? 다 된 것 같아.
B: 그래.

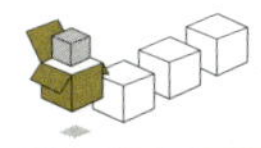

 **dump** 버리다 | **last-minute** 막바지의 | **terrible** 끔찍한

A: 난 오늘 밤에 영화 못 볼 것 같아.
B: 안됐다. 왜 안 되는데?
A: 상사가 오늘 오후에 다급한 일을 넘기잖아. 완전 일에 파묻혔어.
B: 오, 그거 끔찍한데. 다음에 안 바쁠 때 전화해. 다음에 가자.

 ## SPEAKING TIP!

too는 원래 전치사 to의 강조형에서 생긴 단어로 '〜또한'이라는 뜻으로도 쓰이고 '너무〜'의 뜻으로도 사용합니다. '〜또한'의 의미로 사용될 경우 also와 같은 뜻으로 쓰이지만 too가 더 구어적인 표현입니다. 형용사 앞에 too가 사용될 경우에는 '한도를 넘어 지나친', '너무 〜한'이라는 의미가 됩니다.

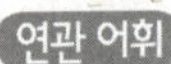 025-026

calm　[형] 차분한　[동] 진정시키다

연관 어휘

stay calm 침착함을 유지하다 | **keep cool** 냉정을 유지하다 | **laid back** 느긋한
take it easy 진정해라

Dialogue

A: What do you think I should do about my boyfriend?

B: I would try to remain **calm** for now. It's just a **rumor**.

A: I'm **usually** so **laid back**, but I'm finding it hard to **keep** my **cool at the moment**.

B: Just try and **take it easy**. Don't get angry **unless** you know it's true.

careful　[형] 신중한, 주의 깊은

연관 어휘

look out 주의하다 | **cautious** 조심스러운 | **watch out** 조심해라
beware 경계하다 | **be on one's guard** 경계하다

Dialogue

A: Be **careful** walking home.

B: Of course. I'm always **cautious** at night.

A: I'd be so **upset** if something **happened** to you.

B: I **promise** to **be on my guard**.

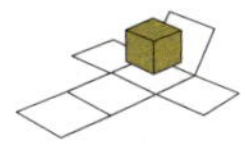

rumor 소문 | **usually** 보통 | **at the moment** 지금
unless ~하지 않는 한

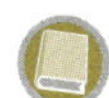
A: 내 남자친구를 어떻게 해야 된다고 생각해?
B: 지금은 침착함을 유지해봐. 그냥 소문일 뿐이잖아.
A: 나는 보통 느긋한 편이지만, 지금은 냉정을 유지하긴 힘든 것 같아.
B: 그냥 진정하도록 노력해봐. 사실을 알기 전까지는 화내지 마.

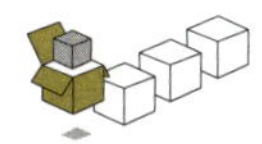

upset 속상한 | **happen** 발생하다 | **promise** 약속하다

A: 집에 걸어갈 때 조심해.
B: 물론이죠. 밤에는 항상 조심해서 다녀요.
A: 무슨 일이 생기면 속상할 거야.
B: 조심하겠다고 약속할게요.

SPEAKING TIP!

to부정사를 목적어로 취하는 동사

목적어를 필요로 하는 타동사는 목적어의 종류를 제한하는 경우가 있습니다. 일부 동사가 to부정사만을 목적어로 취하는데 want, hope, promise 등이 이에 속합니다.

Word 027

cause 동 원인이 되다

연관 어휘

result in ～의 결과를 낳다 | **lead to** ～을 초래하다 | **trigger** 유발하다

Dialogue

A: The **dynamite blasting** at the **mine triggered** an **avalanche** last week.

B: Was anyone hurt?

A: No, **thankfully** the ski hill was closed for the season.

B: So many things can **cause** avalanches in the spring.

Word 028

chance 명 기회

연관 어휘

opportunity 기회 | **coincidence** 우연

Dialogue

A: Would you like us to **consider** you for an **international transfer**?

B: I would be very grateful for the **opportunity**.

A: It's a great **chance** to travel.

B: **Indeed.** I'm very interested in other cultures.

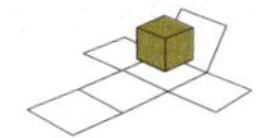

dynamite 다이너마이트 | **blasting** 폭파 | **mine** 광산
avalanche 산사태 | **thankfully** 다행스럽게도

A: 지난주에 광산에서 다이너마이트가 폭발해서 산사태가 났어요.

B: 누가 다쳤나요?

A: 아니요, 다행스럽게도 스키 언덕이 폐쇄된 것으로 끝났어요.

B: 봄에는 여러 이유로 산사태가 나기도 하는군요.

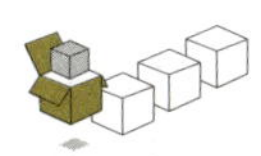

consider 고려하다 | **international** 국제적인 | **transfer** 이동
indeed 정말

A: 당신을 해외 지사로 발령을 낼까 하는데 어때?

B: 그런 기회를 주신다니 감사합니다.

A: 여행을 다닐 수 있는 좋은 기회지.

B: 그렇죠. 저는 다른 문화에 대해 관심이 아주 많습니다.

SPEAKING TIP!

no의 용법

no는 보통 단수 및 복수명사 앞에 써서 부정문을 만드는 역할을 하지만, be동사가 사용된 문장에서 보어 앞에 no가 쓰였을 경우에는 부정 보다는 반대의 뜻으로 해석해야 합니다. She is no fool.의 경우 '그녀는 바보라기 보다 영리하다.'로 해석됩니다.

Word 029

change　동　바꾸다

연관 어휘

alter 바꾸다 | **adjust** 적응하다 | **convert** 변환시키다 | **reform** 개혁하다
modify 수정하다 | **transformation** 변화

Dialogue

A: Do you have any New Year's **resolutions**?
B: I think I'm going to **change** my hair color.
A: Most people **go for** more **significant** **transformations**.
B: I know, but I think I can keep this one.

Word 030

cheap　형　(값이) 싼

연관 어휘

bargain 흥정 | **inexpensive** 비싸지 않은 | **next to nothing** 거의 없다
be a steal 거저나 마찬가지이다 | **a good buy** 싸게 잘 산 물건 | **stingy** 인색한

Dialogue

A: Nice coat!
B: Thanks. It **was a steal**.
A: How much was it?
B: **Only** $30.
A: What a **bargain**! That's so **cheap**!

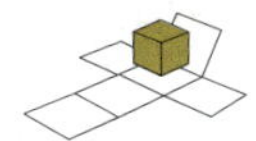

resolution 다짐 | **go for** ~을 시도하다 | **significant** 중요한

A: 새해 결심은 세웠어?
B: 머리 색깔을 바꿀까 해.
A: 많은 사람이 더 큰 변화를 시도하던데.
B: 알아, 하지만 이 정도가 내가 지킬 정도인 것 같아.

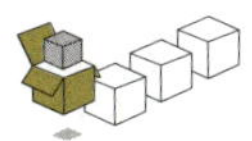

only 오직

A: 코트 예쁜데!
B: 고마워요. 아주 싼 값에 샀어요.
A: 얼마였는데?
B: 30달러요.
A: 싸게 샀구나! 정말 싸다!

SPEAKING TIP!

감탄문 만들기

영어의 감탄문은 what과 how를 이용해서 만들 수 있습니다. 감탄하는 대상이 명사일 경우 what으로, 감탄의 대상이 형용사나 부사일 경우 how를 주로 씁니다. what은 [What (a, an)+ 형용사+명사+(주어+동사)]의 어순으로, how는 [How 형용사, 부사+(주어+동사)]의 어순입니다.

Word 031

clear　형 확실한

연관 어휘

obvious 명백한 | **easy to see** 쉽게 알 수 있는 | **can tell** 알 수 있다

Dialogue

A: Do you think they'll **get married**?

B: It seems **rather obvious**, doesn't it?

A: Indeed. You **can** just **tell** sometimes, can't you.

B: Yeah. It's **clear** they're **made for each other**.

Word 032

clumsy　형 서툰, 어설픈

연관 어휘

awkward 어색한 | **ungainly** 볼품없는 | **not sharp** 둔한

Dialogue

A: This **bicycle** is much too big for me.

B: It does look a bit **awkward**.

A: It doesn't help that I'm **clumsy**, either.

B: Maybe you should **try** a smaller one.

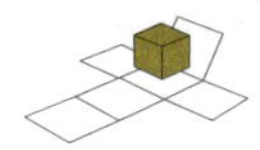

 **get married** 결혼하다 | **rather** 꽤 | **made for each other** 친생연분이다

A: 네 생각에 그 둘이 결혼할 것 같아?

B: 아주 뻔하지 않아?

A: 그렇지. 가끔은 명확하게 보이지.

B: 맞아. 그들은 천생연분이 확실해.

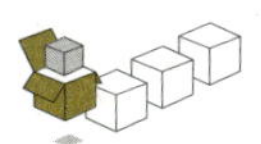

 **bicycle** 자전거 | **try** 시도해 보다

A: 이 자전거 저한테는 너무 커요.

B: 좀 어설퍼 보이긴 하네요.

A: 제가 서툴다는 것도 한몫하죠.

B: 좀 더 작은 자전거를 타보세요.

 ## SPEAKING TIP!

marry와 get married to

'~와 결혼하다'라는 의미로 marry를 사용하는데 우리말로 '~와 결혼하다'라고 생각해서 전치사 with를 쓰는 실수를 범하기도 합니다. '~와 결혼하다'는 marry someone, 혹은 get married to someone으로 표현합니다.

comfortable 　형 편안한

연관 어휘

comfy 편안한 | **snug** 아늑한 | **cozy** 포근한
make yourself at home 편히 계세요

Dialogue

A: Your **sofa** is so **comfortable**!
B: You look all **snug** and **cozy** there in that **blanket**.
A: I just might stay here all night!.
B: **By all means**, **make yourself at home**.

competition 　명 경쟁

연관 어휘

rivalry 경쟁, 대항 | **tournament** 토너먼트

Dialogue

A: Our **rival** school is coming to the **tournament** this weekend.
B: Do you think you can win?
A: It's hard to say. Last time the **competition** was **pretty fierce**.
B: Good luck!

 **sofa** 소파 | **blanket** 담요 | **by all means** 아무렴

A: 당신 소파 아주 편한데요!
B: 그 담요 덮고 아주 편안해 보이네요.
A: 그냥 밤새 이렇게 있어도 될 것 같아요!
B: 그럼요, 편안히 지내세요.

 **rival** 경쟁자 | **pretty** 꽤 | **fierce** 사나운

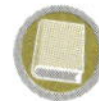
A: 우리의 경쟁 학교가 이번 주말에 토너먼트 경기에 출전한대.
B: 이길 수 있을 것 같아?
A: 잘 모르지. 지난 번 경기에 아주 경쟁이 치열했거든.
B: 행운을 빌어!

 *SPEAKING TIP!*

진행형으로 미래시제 나타내기

일반적으로 '출발, 도착, 오다, 가다'를 나타내는 '왕래발착'동사는 현재나 현재진행형으로 미래시제를 나타냅니다. 왕래발착 동사 이외에도 이미 확정된 계획이나 일정의 경우에도 현재진행형으로 미래를 나타냅니다.

Word 035

complain　[동] 불평하다

연관 어휘

gripe 불평을 늘어놓다 | **whine** 징징거리다 | **nag** 잔소리하다 | **grumble** 투덜대다
outcry 고함 | **make a complaint** 항의하다 | **protest** 이의를 제기하다
make a fuss 수선을 떨다

Dialogue

A: I'm really unhappy with my essay **score**.

B: Why not **complain** to your **professor**?

A: I don't want to **make a fuss**. **Besides**, it's kind of my fault.

B: Did you write it the night before, again?

Word 036

confused　[형] 혼란스러운

연관 어휘

puzzled 얼떨떨한 | **over my head** 이해할 수 없는
beyond my head 알 수 없는 | **bewilder** 어리둥절하게 만들다
confound 혼동하다 | **It's all Greek to me.** 나는 뭐가 뭔지 하나도 모르겠다.

Dialogue

A: You look a little **confused**.

B: It's my **physics** homework. It's way **over my head**.

A: Physics? I **might** be able to help you.

B: **Thank God!** **It's all Greek to me.**

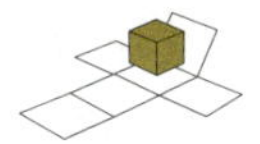

 **score** 점수 | **professor** 교수 | **besides** 게다가

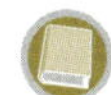
A: 에세이 점수가 정말 맘에 안 들어.
B: 교수님에게 말씀드려보지그래?
A: 소란 떨고 싶지 않아. 또 내 잘못이기도 하고.
B: 또 그 전날 써서 낸 거야?

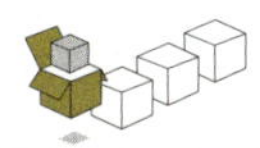

 **physics** 물리학 | **might** '현재 또는 과거의 가능성'을 나타냄
thank God 정말 다행이다

A: 너 좀 혼란스러워 보이는데.
B: 물리학 숙제야. 이해할 수가 없어.
A: 물리학? 내가 도와줄 수도 있겠다.
B: 정말 다행이다! 나는 뭐가 뭔지 하나도 모르겠어.

 **SPEAKING TIP!**

confused와 confusing 구별법

감정이나 상태를 나타내는 동사는 현재분사나 과거분사의 형태로 형용사처럼 사용할 수 있습니다.
이때, 사람이 주어인 경우 과거분사의 형태, 사물이 주어인 경우 현재분사의 형태로 사용합니다.

Word 037

convenient　[형] 편리한

037-038

연관 어휘

handy 다루기 쉬운　|　**suit** ～에 알맞다

Dialogue

A: **You know**, these new smart phones are almost too **convenient**.

B: They come in **quite** **handy**, don't they?

A: What did we ever do before them?

B: I'm not sure.

Word 038

copy　[동] 다른 누군가를 흉내 내다

연관 어휘

imitate 모방하다　|　**make a copy** 복사하다　|　**duplicate** 복제하다
mock 흉내 내다

Dialogue

A: My little brother is so **annoying**. He **copies** everything I do.

B: Are you sure he's **mocking** you?

A: It seems that way.

B: Maybe he just **looks up** to you.

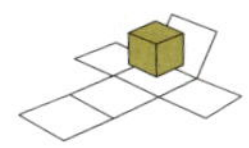

you know 있잖아 | **quite** 꽤, 상당히

A: 너도 알다시피 스마트폰이 정말 편리해졌어.
B: 아주 쓰기 쉽게 나오지?
A: 스마트폰 없이 어떻게 살았지?
B: 그러게나 말이야.

annoying 찌증스러운 | **look up** 우러러보다

A: 내 남동생 아주 짜증나. 내가 하는 것마다 따라 해.
B: 널 흉내 내는 게 맞아?
A: 그러는 것 같아.
B: 남동생이 널 많이 따르나 봐.

SPEAKING TIP!

imitate와 copy의 다른점

imitate는 글의 문체나 그림의 화법 등을 비슷하게 따라하는 '모방하다'라는 의미이고, copy는 아주 똑같이 만들려는 의도로 '모사하다'라는 의미입니다. 그래서 원본과 똑같이 문서를 만들어내는 복사기가 copy machine인 것입니다.

courage
명 (어려움과 위험에 맞설 수 있는) 정신력, 용기

연관 어휘

bravery 용기 | **nerve** 담력 | **guts** 용기

Dialogue

A: I'd love to go to Pamplona and run with the **bulls**.

B: That takes some **guts**.

A: "**Courage**" is my **middle name**.

B: Are you sure it's not "Crazy"?

criticize
동 비평하다

연관 어휘

find fault with ～의 흠을 찾다 | **attack** 비난하다 | **criticism** 비평
scathing 신랄한

Dialogue

A: Doc, I'm not sure I can take it **any more**.

B: What **seems** to be the problem?

A: I'm **constantly** under **attack**. My husband **criticizes** everything I do.

B: I see. How does that make you feel?

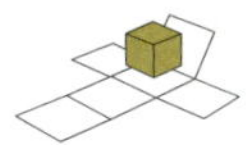

 **bull** 황소 | **middle name** 가운데 이름

 **A:** 팜플로나에서 하는 황소와 달리기에 나가보고 싶어요.
B: 용기가 좀 필요하겠는데요.
A: "용기"가 제 가운데 이름이에요.
B: "광기"가 아닌 게 확실해요?

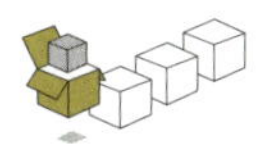

 **any more** 더 이상 | **seem** ~인 것 같다 | **constantly** 끊임없이

 **A:** 의사 선생님, 더 이상은 못 참겠어요.
B: 뭐가 문제인 것 같아요?
A: 저는 항상 공격을 받고 있어요. 제 남편은 제가 하는 일마다 비평을 하니까요.
B: 그렇군요. 그럼 당신 기분이 어떤가요?

 ## SPEAKING TIP!

의문사를 포함한 간접의문문

do you think~와 What are you doing?을 하나의 문장으로 만들 때 What do you think you're doing? 형태로 만들 수 있습니다. 의문문을 다른 문장에 삽입하여 간접의문문을 만들 때, 삽입되는 문장에 의문사가 포함되어 있다면 의문사를 문장 맨 앞으로 보냅니다.

Word 041

curious　［형］호기심이 많은

연관 어휘

inquisitive 탐구심이 많은 **|** **prying** 엿보는 **|** **nosy** 참견하기 좋아하는
stick one's nose into one's business ∼의 일에 참견하는
busybody 참견하기 좋아하는 사람

Dialogue

A: That Tina is such a busybody.

B: I know. She's always sticking her nose into everybody's business.

A: She's not just curious; she's nosy.

B: I wish she'd just mind her own business.

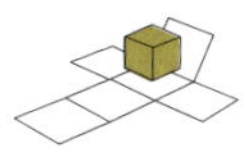

such a one 그러한 사람

mind one's own business 남의 일에 간섭하지 않다

A: 티나는 참 참견하기 좋아하는 사람이야.

B: 알아. 다른 사람 일에 사사건건 참견하더라.

A: 호기심이 많은 정도가 아니야. 너무 참견을 좋아해.

B: 그냥 좀 자기 일에만 관심을 썼으면 좋겠어.

SPEAKING TIP!

if가 없는데도 가정법인가요?

if가 모든 가정법에 등장하는 것은 아닙니다. '~라면 좋을텐데'라는 뜻의 [I wish+가정법 과거(과거완료)], '만일 ~이 없다면'이라는 의미의 without~, ~buit for~ 구문도 가정법입니다. 또한 '~할 시간이다'라는 표현의 [It's time+가정법 과거]도 알아두면 좋습니다.

Speaking VOCA

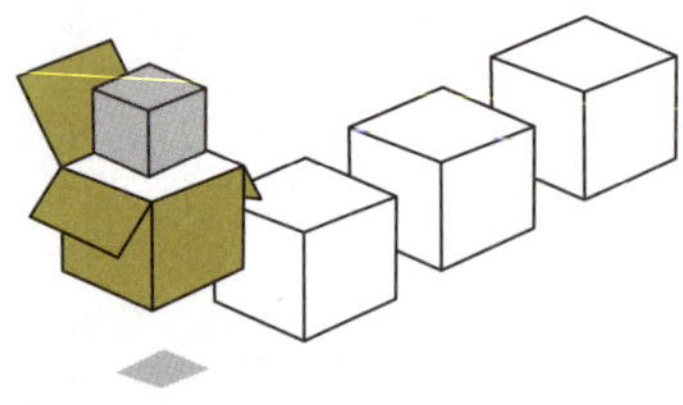

Chapter 02

D~F

dangerous · deal · decide
delicious · depend · deserve
different · disappear · dislike
doubtful · drunk · dull

early · easy · effect · encourage
enough · equal · except
exciting · expensive · explain

fail · fair · false · familiar · famous
far · fate · fashionable · fast · fasten
fat · favorite · fear · films(movies)
find · finish · first · fit · fold · follow
fool · forget · forgive · frightening
frustrate · funny

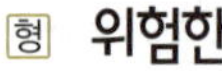

dangerous　　형 위험한

연관 어휘

risky 모험적인 **｜ hazard** 위험(요소) **｜ be in danger** 위험에 처하다
put someone in danger 위험에 빠뜨리다

Dialogue

A: Don't you think that's a little **dangerous**?

B: Yeah, it's **risky**, but skydiving is a lot of fun.

A: I don't think I could do it. It seems so dangerous.

B: It's less of a **hazard** than skiing!

deal　　명 계약, 거래　　동 처리하다

연관 어휘

take care of ～을 돌보다 **｜ handle** 다루다 **｜ cope with** ～에 대처하다
manage 간신히 해내다

Dialogue

A: My dad's getting old, and I don't know if we can **take care of** him much longer.

B: That's a hard decision to make.

A: We made a **deal** not to put him in a nursing home, though.

B: I wouldn't want to be in your shoes.

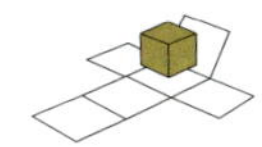

skydiving 스카이다이빙 | **less of** 별로 ~않다 | **skiing** 스키

A: 좀 위험한 것 같지 않아요?

B: 네, 위험하기는 하지만 스카이다이빙은 정말 재미있어요.

A: 저는 못 할 것 같아요. 너무 위험해 보이거든요.

B: 스키보다 덜 위험한 걸요!

decision 결정 | **nursing home** 양로원
be in one's shoes ~의 입장이 되어 보다

A: 아버지가 계속 늙어가고 계셔. 우리가 계속 모실 수 있을지 잘 모르겠어.

B: 결정하기 쉽지 않은 문제인데.

A: 하지만, 요양원에 모시지는 않기로 약속했잖아.

B: 너 참 힘들겠다.

SPEAKING TIP!

a little과 little

little은 양을 나타낼 때 쓰는 수량형용사입니다. 둘 다 '적은'이라는 의미로 사용하지만 little은 양이 별로 없는 부정의 느낌으로 사용하고, a little은 '조금 있는'이라는 의미로 긍정의 뜻으로 사용합니다. I have little money with me.라고 하면 '나는 돈이 거의 없다.'로, I have a little money with me.라고 하면 '나는 돈이 조금 있다.'로 해석하면 됩니다.

Word 044

decide
동 결정하다

연관 어휘

make up one's mind 결심하다 | **choose** 결정하다 | **judge** 판정하다

Dialogue

A: I can't **decide**: chocolate cake or tiramisu?

B: **Tough call**. I'd **go with** the chocolate cake.

A: I can't **make up my mind**. They both look **delicious**.

B: You'd better **choose** quick! Here comes the waiter.

Word 045

delicious
형 맛있는

연관 어휘

tasty 맛 좋은 | **mouth-watering** 군침이 돌게 하는
out of this world 너무도 훌륭한 | **yummy** 맛있는

Dialogue

A: This is the most **delicious** tomato I've ever eaten.

B: Tomato?

A: It's **unbelievably tasty**.

B: That's got to be one **incredible** tomato.

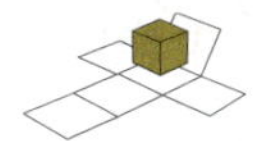

tough call 힘든 결정 | **go with** 받아들이다 | **delicious** 아주 맛있는

A: 초콜릿 케이크? 티라미수? 결정을 할 수가 없어.

B: 어려운데. 나는 초콜릿 케이크로 할래.

A: 난 못 정하겠어. 둘 다 너무 맛있어 보여.

B: 빨리 결정해! 웨이터가 오고 있어.

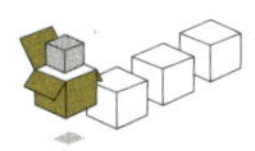

unbelievably 믿을 수 없을 정도로 | **incredible** 믿을 수 없는

A: 이게 제가 먹어본 토마토 중 가장 맛있어요.

B: 토마토?

A: 이거 믿을 수 없을 정도로 맛있어요.

B: 이건 정말 맛있는 토마토야.

SPEAKING TIP!

most와 almost

most는 대명사이며 단독으로 쓰일 수 있습니다. 보통 '대부분'이라는 뜻으로 부정대명사 역할을 하지만 almost는 '거의'라는 뜻으로 부사입니다. almost는 all, any, every, no 등의 부정 대명사를 수식하지만 대명사는 아니라는 것을 명심하세요.

Word 046

depend
동 ~에 달려있다, 좌우되다, 의지하다

연관 어휘

It's (all) up to ~에게 달려있다 | **rely on** 의지하다 | **count on** 의지하다
turn to ~에 의지하다 | **reliable** 신뢰할 수 있는

Dialogue

A: Are you coming **camping** this weekend?
B: I don't know. **It's up to** Mike.
A: Why is that?
B: It **depends** on **whether** or not he **has to** work.

Word 047

deserve
동 마땅히 받을 만하다

연관 어휘

serve somebody right ~에게 마땅한 대우를 하다
well-deserved 충분히 받을 만한

Dialogue

A: Ow! That looked like it **hurt**.
B: **Serves him right**. He was being a **jerk**.
A: Yeah, he sure **deserved** it.
B: **Totally** had it coming.

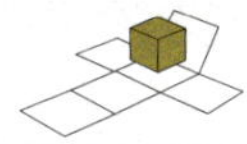

 **camping** 캠핑 | **whether** ~인지 아닌지 | **have to** ~해야 한다

 **A:** 이번 주말에 캠핑 갈 거야?

B: 난 모르겠어. 마이크한테 달렸지.

A: 왜?

B: 마이크가 일을 해야 하는지 아닌지에 달려있거든.

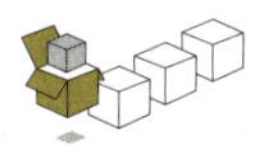

 **hurt** 아프게 하다 | **jerk** 얼간이 | **totally** 전적으로

 **A:** 이런! 아파 보이는데.

B: 맞아도 싸. 그는 아주 비열했거든.

A: 그래, 당해도 싸지.

B: 그런 날이 올 줄 알았지.

 ## SPEAKING TIP!

take care of와 take good care of

[동사+명사]의 형태로 이루어진 숙어 표현을 좀 더 확장해 쓰고자 할 경우 명사 앞에 형용사를 넣어 의미를 더 세분화 할 수 있습니다. take care of는 take good care of로, take a look은 take a good look으로 쓸 수 있습니다.

Word 048

different 형 다른

연관 어휘

various 여러 가지의 | **distinct** 전혀 다른 | **diverse** 다양한 | **not like** 다른
not the same 같지 않은 | **all kinds of** 모든 종류의

Dialogue

A: Did you know there are more than 650 kinds of cheese?

B: No, I had no idea!

A: There are many **different varieties** from many different animals.

B: I didn't know cheese was so **diverse**.

Word 049

disappear 동 사라지다

연관 어휘

vanish 사라지다 | **go missing** 행방불명 되다
vanish into thin air 자취도 없이 사라지다

Dialogue

A: Have you seen my keys?

B: No, have they **gone missing**?

A: They've **completely disappeared**. It's like they **vanished into thin air**.

B: Where did you have them **last**?

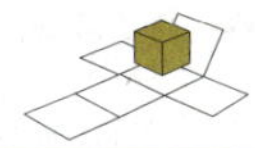

variety 여러 가지, 종류

A: 치즈 종류가 650가지 이상이나 된다는 거 알고 있었어?

B: 아니, 정말 몰랐어!

A: 여러 동물로부터 나온 많은 종류가 있대.

B: 그렇게 다양한 치즈 종류가 있는지 몰랐네.

completely 완전히 | last 마지막으로

A: 내 열쇠 봤어?

B: 아니, 없어졌어?

A: 완전히 없어졌어. 공기 중에 사라져 버린 것 같아.

B: 어디서 마지막으로 썼는데?

SPEAKING TIP!

비교급과 함께 다니는 than

두 사물의 상태를 비교할 때 형용사나 부사의 비교급을 사용하죠? 비교급이 쓰일 때 함께 등장하는 단어가 바로 than입니다. than은 '~보다'라는 비교의 의미가 있으며, 앞뒤에 비교 대상이 되는 단어가 나오니 주의깊게 살펴보세요.

Word 050

dislike

동 싫어하다

연관 어휘

hate 미워하다 | **detest** 혐오하다 | **loathe** 몹시 싫어하다
can't stand 참을 수 없다 | **can't take** 견딜 수 없다
don't care for 개의치 않다

Dialogue

A: Would you like to have some pizza?

B: Does it have **mushrooms** on it?

A: Yes. Are you **allergic** to them?

B: No, I just really **dislike** them. I **can't stand** them **at all**.

Word 051

doubtful

형 수상한, 의심스러운

연관 어휘

dubious 수상한, 의심하는 | **questionable** 의심할 만한 이유가 있는
suspicious 의혹을 갖는 | **skeptical** 의심 많은 | **uncertain** 불확실한

Dialogue

A: My teacher said **aliens landed** in her **backyard**.

B: That sounds a little **dubious**.

A: Don't be so **doubtful**. She's **trustworthy**.

B: I don't know. I'm pretty **skeptical** about aliens.

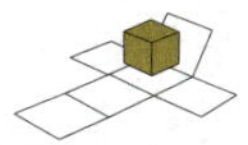

mushroom 버섯 | **allergic** 알레르기가 있는 | **at all** (부정문에서) 조금도

A: 피자 좀 먹을래?
B: 버섯 들었어?
A: 응. 버섯에 알레르기 있어?
B: 아니, 그냥 싫어해서. 난 버섯이 너무 싫어.

alien 외계인 | **land** 착륙하다 | **backyard** 뒤뜰
trustworthy 신뢰할 수 있는

A: 우리 선생님이 자기 뒤뜰에 외계인이 착륙했다고 하더라.
B: 못 믿겠는데.
A: 너무 의심스러워 하지 마. 그 선생님은 믿을 만해.
B: 나는 모르겠어. 나는 외계인을 믿지 않아.

SPEAKING TIP!

You are the last person who I want to meet.을 어떻게 해석할까요?

'너는 내가 가장 마지막에 만나고 싶은 사람이다.'라는 뜻일까요? 이 문장은 '이 세상 모든 사람을 만난 후 가장 마지막에 만나고 싶은 사람이다.'로 해석해야 합니다. 즉 '만나고 싶지 않은 사람'이라는 의미입니다.

052-053

drunk

형 술에 취한

연관 어휘

tipsy 술이 약간 취한 | **drunk driver** 음주운전자 | **hangover** 숙취
blind drunk 인사불성으로 취해 | **get drunk** 술 취하다 | **sober** 술 취하지 않은

Dialogue

A: Greg **hit on** me at the bar last night.
B: Greg? Doesn't he have a girlfriend?
A: Yeah. He was totally **drunk**. It was **messy**.
B: Too bad. I'm sure he's got a **hangover** today, then!

dull

형 지루한, 재미없는, 둔한, 느린

연관 어휘

uninteresting 흥미 없는 | **boring** 지루한 | **tedious** 따분한
monotonous 단조로운 | **tiresome** 지겨워지는

Dialogue

A: This **lecture**'s a bit **boring**.
B: The subject's interesting, but his voice is **monotonous**.
A: I think I'm **falling asleep**.
B: It's too bad; he's not usually a **dull lecturer**.

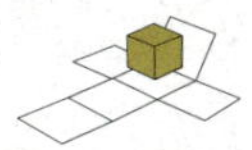

 **hit on** 수작을 걸다 | **messy** 지저분한, 엉망인

 **A:** 지난 밤에 바에서 그렉이 날 꼬시더라.

B: 그렉? 여자친구 있지 않아?

A: 응. 완전 취했어. 난장판이었어.

B: 이런. 그럼 그렉은 완전 숙취로 고생했겠다!

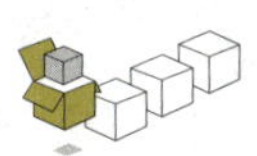

 **lecture** 강의 | **fall asleep** 잠들다 | **lecturer** 강사

 **A:** 이번 강의 좀 지겹다.

B: 주제는 흥미로운데, 선생님 목소리가 너무 단조로워.

A: 잠이 들 것만 같아.

B: 이런, 원래 저렇게 재미 없는 선생님은 아닌데.

 ## SPEAKING TIP!

sound

sound는 동사로 '∼처럼 들리다'라는 의미로 사용합니다. 이 때 sound는 감각을 나타내는 동사라 해서 감각동사라고 부르며 뒤에 보어로 형용사가 옵니다. 뒤에 명사를 보어로 쓸 경우 sound like를 사용합니다.

Word 054

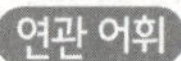

early
형 이른　부 일찍

연관 어휘

premature 너무 서두른 ｜ **at the crack of dawn** 날이 샐 무렵에
first thing 맨 먼저

Dialogue

A: What time did you get up?
B: Pretty **early**. **Around** 5:30, I think.
A: Up **at the crack of dawn**!
B: **Unfortunately**.

Word 055

easy
형 쉬운

연관 어휘

easy as pie 아주 쉬운 ｜ **a piece of cake** 쉬운 일 ｜ **simple** 간단한
no-brainer 쉬운 결정

Dialogue

A: I think I **aced** that test.
B: It was **easy**?
A: It's **a piece of cake**.
B: **Good for you!**

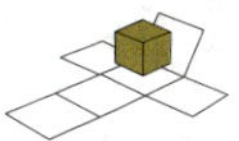

around 약, ~쯤 | **unfortunately** 불행하게도

A: 몇 시에 일어났니?
B: 좀 일찍 일어났는데. 5시 30분쯤.
A: 꼭두새벽이네!
B: 불행히도 그렇지.

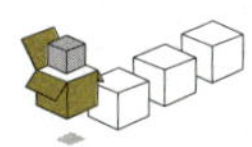

ace 완벽히 하다 | **good for you** 잘했어

A: 나 시험 잘 본 것 같아.
B: 쉬웠니?
A: 아주 쉬웠어.
B: 잘됐다!

SPEAKING TIP!

위로 up!

stand up, get up에서의 전치사 up과 eat up의 전치사 up의 의미는 다릅니다. 전치사 up은 방향성을 나타낼 경우 '위'라는 의미를 나타내지만, 끝이나 완성을 나타내는 의미와 함께 '완전히'라는 뜻이 되기도 합니다. '술자리에서 모두 다 마셔.'라고 말한다면 Drink up!이라고 하면 됩니다.

Word 056

effect

명 영향, 효과, 결과

연관 어휘

impact 영향, 충돌 | **influence** 영향 | **consequence** 결과 | **outcome** 결과
have an influence 영향을 끼치다 | **result** 결과

Dialogue

A: Education has a **huge** **effect** on people's lives.
B: How so?
A: Well, lower **salaries** are a **consequence** of less education.
B: That's a significant **impact**.

Word 057

encourage

동 격려하다

연관 어휘

motivate 동기를 부여하다 | **pat on the back** (군사) 격려하다
cheer someone ~을 응원하다 | **boost** 북돋우다

Dialogue

A: Thanks for **encouraging** me last week.
B: **Glad** I could help **motivate** you.
A: It was a **rough** week. I needed that **boost**.
B: I'm sure you'd do the same for me.

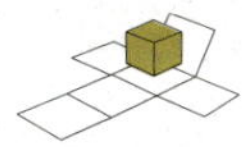

 **education** 교육 | **huge** 막대한 | **salary** 급여

 **A:** 교육이 사람들의 삶에 많은 영향을 끼쳐.

B: 어떻게?

A: 음, 저임금이 교육을 덜 받았기 때문이거든.

B: 그건 아주 큰 영향이네.

 **glad** 기쁜 | **rough** 거친

 **A:** 지난주에 저를 격려해 주셔서 감사해요.

B: 제가 도움이 되었다면 기쁘군요.

A: 지난주는 정말 힘들었어요. 격려가 필요했어요.

B: 제가 그런 상황이었어도 그렇게 해주셨을 겁니다.

 *SPEAKING TIP!*

effect와 affect

effect와 affect를 우리말로 하면 모두 '영향을 미치다'라는 뜻입니다. 하지만 affect는 '변화를 일으키다'라는 의미로 사용하고, effect는 '변화된 결과'에 초점이 맞춰집니다. 따라서 affect=have an effect라고 생각하면 됩니다.

Word 058

enough 형 충분한

연관 어휘

plenty 많은 | **sufficient** 충분한 | **adequate** 적절한
can afford 여유가 있다 | **have the time[money]** ~할 시간[돈]이 있다

Dialogue

A: Have you had **enough** to eat?
B: I think so! **Dinner** was more than **sufficient**.
A: That's good to hear.
B: I really **enjoyed** it, thank you.

Word 059

equal 형 같은

연관 어휘

even 같은 높이의 | **equal rights** 동등권 | **be square** 공평한

Dialogue

A: **President** Obama gave his **support** for **equal** marriage this week.
B: I can't believe it! That's big news for **equal rights**.
A: **It's about time.** His **supporters** have been waiting.
B: I'm glad he finally said something.

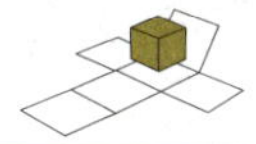

dinner 저녁 | **enjoy** 즐기다

A: 충분히 먹었니?

B: 네! 저녁을 정말 많이 먹었어요.

A: 그렇다면 다행이네.

B: 정말 맛있게 먹었습니다, 감사해요.

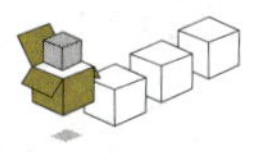

President 대통령 | **support** 지지하다 | **it's about time** ~을 해야 할 때이다
supporter 지지자

A: 오바마 대통령이 동성 결혼을 찬성했다는데요.

B: 믿을 수 없어! 동등권 관련 큰 뉴스인데요.

A: 시기적절했죠. 그런 지지가 필요했거든요.

B: 그가 입장 표명을 했다니 기쁘군요.

SPEAKING TIP!

현재완료의 경험

[have+과거분사]의 형태로 사용하는 현재완료는 과거에 시작된 행동이 현재까지 계속해서 영향을 미칠 때 사용합니다. 현재완료의 용법은 크게 '완료, 경험, 계속, 결과'의 4가지 용법으로 나뉘는데 ever, never, once, before 등과 빈도부사가 함께 쓰이는 경우는 경험의 용법으로 '~한적이 있다'로 해석합니다.

Word 060

except

전 제외하고

연관 어휘

except for ~을 제외하고 | **apart from** ~외에는
with the exception of ~을 제외하고 | **exception** 예외

Dialogue

A: Did you **finish** all the homework?
B: All **except for question** 3. I couldn't **solve** it.
A: And **apart from** that?
B: No problem.

Word 061

exciting

형 흥미롭게 하는

연관 어휘

look forward to ~을 기대하다 | **can't wait** ~하기를 몹시 바라다 | **thrilled** 짜릿한
be on the edge of one's seat ~에 매료되어 | **gripping** 흥미를 끄는

Dialogue

A: I **can't wait** for the Lady Gaga **concert** next week!
B: I know! I'm really **looking forward to** it.
A: The **advertisements** look **exciting**!
B: Which songs do you think she'll sing?

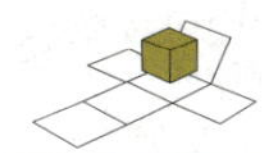

finish 끝내다 | **question** 질문 | **solve** 풀다

A: 숙제 다 했어?

B: 3번 문제 빼고 다 했어요. 못 풀겠어요.

A: 그 문제 말고는?

B: 문제 없죠.

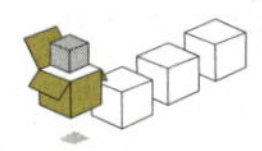

concert 콘서트 | **advertisement** 광고

A: 다음 주에 하는 레이디 가가 콘서트를 못 기다리겠어!

B: 알아! 나도 완전 고대하고 있다니까.

A: 광고 보니 너무 흥미진진하던데!

B: 어떤 노래 부를 것 같니?

SPEAKING TIP!

excited와 exciting

excite라는 동사가 사람 주어와 함께 사용되면 과거분사 형태인 excited, 사물 주어가 오게 되면 현재분사인 exciting으로 바뀌어 형용사처럼 사용합니다. 이렇게 동사를 변형시켜 형용사처럼 사용하는 것을 분사라고 합니다.

expensive　형 비싼

연관 어휘

cost a lot 비용이 많이 들다 | **luxurious** 사치스러운 | **posh** 호화로운
exorbitant 값이 엄청난 | **a rip-off** 바가지 | **costly** 값 비싼

Dialogue

A: This phone was **a** complete **rip-off**.

B: What's wrong with it?

A: It was really **expensive**, and it doesn't work well. It's always **crashing**.

B: That's **terrible**.

explain　동 설명하다

연관 어휘

tell 말하다 | **show** 보여 주다 | **go through** 자세히 논의하다
what I mean is... 내 말은…

Dialogue

A: Please **explain** the **process** again.

B: Should I **go through** the **whole** thing?

A: No, just **show** me the last two steps.

B: Okay, after you **boil** the **noodles**, add the egg.

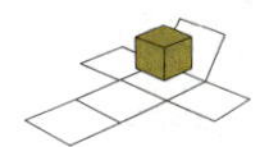

crash 충돌하다 | **terrible** 끔찍한

A: 이 전화기 완전 바가지야.

B: 뭐가 문제인데?

A: 너무 비싸고 제대로 작동도 안 해. 항상 프로그램이 충돌한다니까.

B: 끔찍하군.

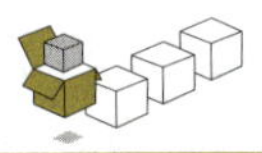

process 과정 | **whole** 전체의 | **boil** 끓이다 | **noodle** 국수

A: 그 과정을 다시 설명해 주시겠습니까?

B: 처음부터 다 설명해야 하나요?

A: 아니요, 마지막 두 단계만 설명해 주세요.

B: 알겠어요, 면을 삶고 나서 달걀을 넣으세요.

SPEAKING TIP!

have been to와 have gone to

have been to~는 '~에 갔다 왔다'이고, have gone to~는 '~에 가서 오지 않았다'라는 의미로 사용됩니다. 그래서 '나는 뉴욕에 가보았다.'라고 말한다면 I have been to New York. 이라고 말하고, '그가 떠났다.'라는 표현은 He has gone.이라고 합니다. 문법적으로 have been to는 현재완료의 경험의 용법, have gone to는 결과적 용법이라고 부릅니다.

fail

图 실패하다

연관 어휘

go wrong 실패하다 | **flunk** 낙제하다 | **failure** 실패 | **close down** 폐업하다
not work 성취하지 못하다 | **go bankrupt** 파산하다

Dialogue

A: So, my uncle's **business failed**.

B: That's terrible news. What **went wrong**?

A: I'm not sure **exactly**, but he **went bankrupt** and had to **close down**.

B: I'm so sorry to hear that.

fair

图 공정한

연관 어휘

just 공정한, 공평한 | **important** 중요한 | **equal** 동등한

Dialogue

A: It's not **fair** that she has to **quit** her job because she's having a baby.

B: Indeed. Women are **equal citizens**, right?

A: It's simply a **cultural** idea.

B: But it's not **just**.

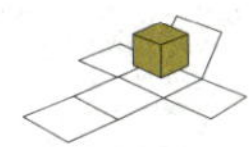

 **business** 사업 | **exactly** 정확히

A: 우리 삼촌의 사업이 망했어.

B: 안됐다. 무엇이 잘못된 거래?

A: 정확히 모르겠지만, 파산하고 나서 폐업했다더라고.

B: 참 안됐다.

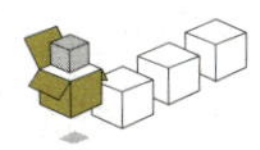

 **quit** 그만두다 | **citizen** 시민 | **cultural** 문화의

A: 그녀가 임신 후에 직장을 그만둬야 한다니 불공평해.

B: 그러니까. 여자들에게도 공평해야 하지 않아?

A: 문화적으로 그런 거니까.

B: 하지만 공정하지 못하다고.

 ## SPEAKING TIP!

so의 용법

so는 접속사로 '그래서'라는 의미로 사용됩니다. 하지만 '너무 ~하다'라는 뜻으로 쓰이기도 합니다. 이 경우 흔히 so 다음에 that이 이끄는 절이 등장하므로 so~that~can구문이라고 부르고, '너무 ~해서 ~한다'로 해석합니다. He is so smart that he can solve the problem. 이라고 하면 '그는 너무 똑똑해서 그 문제를 풀 수 있다.'로 해석합니다.

false 　[형] 가짜의

연관 어휘

fake 가짜 | **imitation** 모조품 | **knock-off** 불법복제품 | **forged** (쇠를) 주조한
artificial 인공적인 | **counterfeit** 위조의

Dialogue

A: Are you using a new kind of **mascara**?
B: What? Oh no, these are **false** eyelashes.
A: **Seriously**? They look vcry **realistic**!
B: Totally **fake**.

familiar 　[형] 익숙한, 친숙한

연관 어휘

ring a bell 낯이익다 | **all-too familiar** 너무 친숙한
be familiar with 잘 알고 있는 | **familiarize** 익숙하게 하다

Dialogue

A: Did you see that woman **over there**?
B: The one in the red coat?
A: Yes. She looks **familiar**, but I can't **place** her.
B: Does Angelina Jolie **ring a bell**?

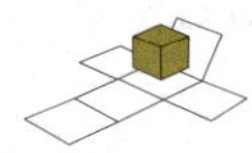

mascara 마스카라 | **eyelash** 속눈썹 | **seriously** 진지하게
realistic 사실적인

A: 마스카라 새 거 썼어?
B: 뭐? 아니. 이거 인조 속눈썹이야.
A: 정말? 완전 진짜 같은데?
B: 완전 가짜야.

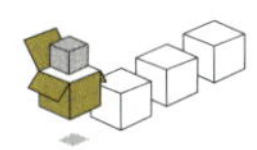

over there 저쪽에 | **place** 누구인지 알아보다

A: 저기 있는 여자 보여?
B: 빨간 코트 입은 여자?
A: 응. 어디서 많이 본 얼굴인데, 누군지 모르겠네.
B: 안젤리나 졸리라고 하면 알겠어?

SPEAKING TIP!

because와 because of

'~때문에'라는 뜻으로 사용하는 because와 because of는 사용되는 문장의 구조가 다릅니다. because는 접속사이기 때문에 뒤에 [주어+동사]의 절이 사용되고, because of는 전치사로서 뒤에 명사를 사용합니다.

Word 068

famous　[형] 유명한

연관 어휘

prominent 유명한 | **eminent** 저명한 | **noted** 잘 알려진 | **notorious** 악명 높은
well-known 잘 알려진 | **legendary** 전설 | **celebrity** 유명인

Dialogue

A: And this is the **cell** where the **famous gangster**,
Al Capone, was **imprisoned**.

B: Did anyone ever escape from Alcatraz Island?

A: Never, although many **notorious criminals were
housed** here.

B: That's **remarkable**.

Word 069

far　[형] 먼

연관 어휘

distant 거리가 먼 | **remote** 멀리 떨어진 | **a long way to go** 갈 길이 먼

Dialogue

A: The world is so small these days.

B: I know what you mean. I wanted to be an **explorer** to
distant lands when I was young.

A: But now nothing's **far** away. You can fly anywhere in a
weekend.

B: It's **amazing** how things have changed.

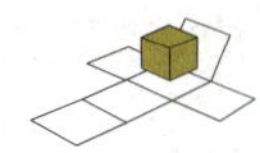

cell 감방 | **gangster** 깡패 | **imprison** 투옥하다 | **criminal** 범죄자
be housed 보관되다 | **remarkable** 주목할 만한

A: 이 방은 유명한 악당 알 카포네가 투옥되었던 감옥입니다.
B: 앨커트래즈섬에서 탈옥한 사람이 있었나요?
A: 악명 높은 범죄자들이 이곳에 잡혀 있었지만 한 번도 없었습니다.
B: 아주 주목할 만하네요.

explorer 탐험가 | **amazing** 놀라운

A: 요즘은 세상이 아주 좁아졌어.
B: 무슨 말인지 알겠어. 어렸을 적에는 머나 먼 땅을 탐험해 보고 싶었는데 말이야.
A: 하지만 요즘은 모든 것이 그다지 멀진 않아. 주말 동안 어디든 날아갈 수 있지.
B: 세상이 얼마나 변했는지 놀라워.

SPEAKING TIP!

수동태

[be+과거분사]의 형태를 이용해서 수동태를 만듭니다. 보통 주체적인 행동을 못하고 '~한 행동을 당하다'라는 의미로 수동태를 사용하지만 관용적으로 수동태를 사용하는 경우도 있습니다.

Word 070

fate

명 운명

연관 어휘

destiny 운명 | **karma** 인연 | **a sign** 징조 | **be destined to** ～하도록 운명 지어지다

Dialogue

A: **Fate** has brought us together.

B: I thought it was your **roommate**'s idea.

A: No, it's **destiny**!

B: I think I'**m destined to** go on another **blind date**.

Word 071

fashionable

형 유행하는, 유행을 따른

연관 어휘

trendy 최신 유행의 | **stylish** 맵시 있는 | **sophisticated** 세련된
hot 최신의 | **craze** 대유행

Dialogue

A: James is so **fashionable**.

B: He's **stylish** and **handsome**.

A: I would **date** him.

B: I wouldn't. But he could take me shopping.

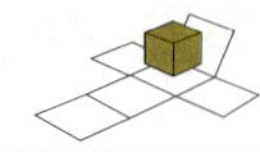

 **roommate** 룸메이트 | **blind date** 소개팅

 A: 운명이 우리를 함께 하게 해주었어.
B: 난 네 룸메이트 아이디어인 줄 알았어.
A: 아니야, 이건 운명이야!
B: 나는 또 소개팅을 해야 할 운명인 것 같아.

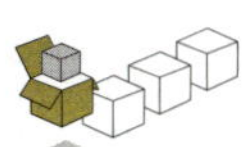

 **handsome** 잘생긴 | **date** ~와 데이트를 하다

 A: 제임스는 패션감각이 좋아.
B: 그는 멋있고 잘생겼어.
A: 나라면 데이트하겠다.
B: 나는 안 해. 하지만 쇼핑은 같이 할 수 있겠다.

 *SPEAKING TIP!*

nothing

nothing은 명사로 쓰여 '아무일도 없음/하지 않음'이라는 뜻으로 사용되거나 '별 것 아님, 재미 없음'의 의미로 사용됩니다. 하지만 부사로 사용해서 '전혀 ~하지 않다'라는 의미로도 사용됩니다. It helps nothing.의 경우가 부사로 사용되어 '전혀 도움이 되지 않는다.'라는 의미입니다.

fast [형] 빠른

072-073

연관 어휘

speedy 빠른 | **rapid** 급속한 | **quick** 빠른 | **swift** 신속한
at top speed 전속력으로

Dialogue

A: Is that the **delivery** guy already? That was **fast**.
B: I think so. They're usually pretty **quick**.
A: Do you have any **cash**?
B: Me? I thought you were buying.

fasten [동] 묶다, 죄다

연관 어휘

button up 단추를 잠그다 | **zip up** 지퍼로 잠그다 | **do up** (단추, 훅, 지퍼 등을) 잠그다

Dialogue

A: I'm **freezing to death** out here!
B: You know, you could **do up** your jacket and **fasten** the button on your **hood**.
A: But then I wouldn't be cute.
B: Who wants a **Popsicle** for a girlfriend?

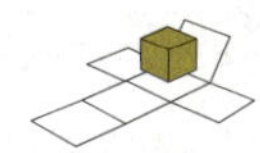

 **delivery** 배달 | **cash** 현금

 **A:** 배달이 벌써 온 거야? 빠르네.
B: 그런 것 같아. 보통 꽤 빨리 와.
A: 현금 있어?
B: 나? 나는 네가 사는 건 줄 알았는데.

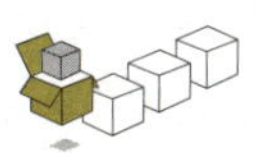

 **freeze to death** 얼어 죽다 | **hood** 모자 | **Popsicle** 아이스캔디

 **A:** 여기 너무 추워.
B: 재킷을 꽉 여미고 소매 단추를 채우면 되잖아.
A: 그렇게 하면 안 예뻐.
B: 예쁜 걸로 먹고 살래?

 **SPEAKING TIP!**

If 없이도 사용되는 가정법

조동사의 과거형만으로도 가정법의 의미를 나타낼 수 있습니다. I wouldn't buy it.의 경우 would가 가정법의 의미를 품어 '나라면 사지 않을 텐데.'로 해석합니다.

fat

[형] 뚱뚱한   [명] 지방

연관 어휘

plump 풍만한 | **chubby** 통통한 | **obese** 비만인 | **big** 큰 | **large** 큰
overweight 과체중의

Dialogue

A: Does this dress make me look **fat**?
B: No, **honey**; it's quite **flattering**, actually.
A: I'm feeling a bit **chubby** lately.
B: I haven't **noticed** a thing.

favorite

[형] 가장 좋아하는, 가장 좋아하는 것

연관 어휘

old favorite 오랫동안 좋아한 | **like best** 가장 좋아하다

Dialogue

A: This is my **favorite** T-shirt.
B: I could have **probably** guessed.
A: Of all my clothes, this is the **item** I **like best**.
B: It's got a few **holes** in it.

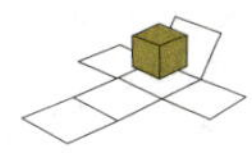

honey 여보, 자기 | **flattering** 돋보이게 하는 | **notice** ~을 알다

A: 나 이 옷 입으면 뚱뚱해 보여?
B: 아니 여보, 사실 아주 잘 어울려.
A: 요즘 살이 좀 오른 것 같아.
B: 나는 하나도 모르겠는걸.

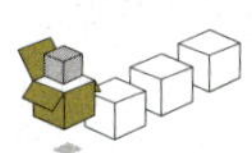

probably 아마 | **item** 품목, 항목 | **hole** 구멍

A: 이게 내가 가장 좋아하는 티셔츠야.
B: 내가 봐도 알겠다.
A: 내가 가진 옷 중에 이 옷을 가장 좋아해.
B: 구멍이 좀 났는데.

SPEAKING TIP!

'~에게 ~을 시키다'라는 의미의 make, let과 같은 동사들은 목적어 다음 목적보어 자리에 동사 원형을 주로 사용합니다. 하지만 보어와 목적어의 관계가 수동인 경우에는 과거분사도 사용할 수 있으니 문맥상 의미 파악을 확실히 해야 합니다. He will let you go. '그가 너를 보내줄 것이다.'와 He will make you drunken. '그가 너를 취하게 할 것이다.'가 그 예입니다.

Word 076

fear [동] 두려워하다 [명] 두려움

연관 어휘

alarm 불안, 공포 | **fright** 갑작스러운 공포 | **dread** 불안, 두려움 | **terror** 심한 공포
panic 공황 | **horror** (혐오감을 수반한) 공포 | **scared** 무서워하는

Dialogue

A: I think the news only **serves** to **instill fear** in people.
B: **Horror** story after horror story every night.
A: **Panic**! **Be afraid**! The **terrorists** are coming!
B: Let's change the **channel**. I've had enough.

Word 077

films (movies) [명] 영화 [동] 영화를 찍다

연관 어휘

cinema 영화 | **movie theater** 영화관 | **flick** 영화 | **actor** 배우
actress 여배우 | **star** 주연 | **play** 연기하다 | **performance** 연기
plot 줄거리 | **tear-jerker** 몹시 감상적인 영화

Dialogue

A: I love **independent films**. They're so much better than Hollywood movies.
B: I agree. I'll take a **cast** of **unknown actors** over **A-listers** any day.
A: I think the **plots** are more interesting.
B: Much more **engaging**.

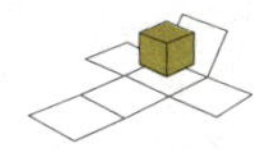

serve 제공하다 | **instill** 서서히 주입시키다 | **be afraid** 두려워하다
terrorist 테러리스트 | **channel** 채널

A: 그 소식은 사람들 사이에 공포만 조장하는 것 같아.
B: 무서운 이야기가 연이어 나오잖아.
A: 불안하지! 경계해야 해! 테러리스트들이 온다잖아!
B: 채널 바꾸자. 충분히 봤어.

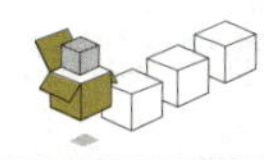

independent 독립적인 | **cast** 출연자들 | **unknown** 알려지지 않은
A-lister A급 배우 | **engaging** 호감이 가는

A: 나는 독립영화가 좋더라. 할리우드 영화보다 훨씬 괜찮아.
B: 맞아. 나는 흥행 배우보다 무명 배우를 캐스팅할 거야.
A: 이야기도 더 흥미로운 것 같아.
B: 몰입도 훨씬 잘돼.

SPEAKING TIP!

let의 쓰임

let의 기본 뜻은 '~에게 ~을 시키다', '~할 것을 허락하다'입니다. 이런 let이 3인칭 명령법과 함께 사용될 때는 '~합시다'라는 권유의 의미가 됩니다. 이런 경우 let us는 Let's로 축약되어 발음합니다.

find

동 찾다, 구하다, 알아내다

연관 어휘

locate 위치를 알아내다 | **spot** 발견하다 | **come across** 우연히 발견하다
find fault with ~의 흠을 찾다

Dialogue

A: Hey, I **located** my keys!
B: Where did you **find** them?
A: They were in the door.
B: Well, that's a great **place** to **keep** them.

finish

동 끝내다 명 끝

연관 어휘

complete 완성하다 | **end** ~을 마치다 | **conclude** 결론짓다
terminate 종결시키다 | **wind up** ~을 끝내다 | **be done** ~을 끝내다
water under the bridge 이미 지나간 일

Dialogue

A: My **contract** is **finished** next month, so I'm **looking for** new work.
B: You don't want to **sign on** with them again?
A: No, I'm **done** with them.
B: Best to move on and let it be **water under the bridge**, then.

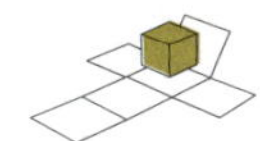

place 장소 | **keep** 보관하다

A: 야, 나 열쇠 찾았어!
B: 어디서 찾았어?
A: 문에 꽂혀있더라.
B: 그렇지, 열쇠를 보관하기 아주 좋은 자리네.

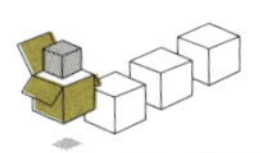

contract 계약 | **look for** ~을 찾다 | **sign on** 계약하다

A: 다음 달에 내 계약이 끝나. 새 일을 찾아야겠어.
B: 재계약은 안 하고?
A: 아니, 이제 끝이야.
B: 그럼 지나간 일은 뒤로 하고 좋은 곳으로 가야지.

SPEAKING TIP!

부정의 의미를 가진 접두어

단어에 접두사를 붙여서 부정적 의미를 만들 수 있습니다. 부정 의미를 가진 접두어로 un–, im–, ab– 등이 있는데 'happy 행복한–unhappy 불행한, possible 가능한– impossible 불가능한, normal 평범한–abnormal 비범한'이 그 예입니다.

Word 080

first

뷔 첫째의, 우선

연관 어휘

original 최초의 | **initial** 처음의 | **first of all** 우선 첫째로
for the first time 처음으로 | **come first** 최우선이다
first come, first served 선착순

Dialogue

A: **Excuse me**, ma'am. I believe you were here **first**.
B: Oh, thank you. But please **go ahead**.
A: **First come, first served**.
B: How kind of you.

Word 081

fit

형 건강한, 탄탄한, 딱 맞는, 어울리는

연관 어휘

suitable 알맞은 | **proper** 적절한 | **appropriate** 적당한
be in good shape 몸매가 좋다

Dialogue

A: I **joined** the Crossfit **gym** this week.
B: Ah, getting **fit**, are you?
A: Yeah, I want to **be in good shape** for my wedding next summer.
B: Maybe I should join, too!

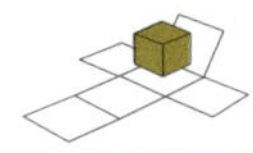

 **excuse me** 실례합니다 | **go ahead** 앞서 가다

 A: 실례합니다. 저보다 먼저 오신 것 같아요
B: 감사합니다. 하지만 먼저 가세요.
A: 먼저 온 사람이 먼저 들어가셔야죠.
B: 정말 친절하시네요.

 **join** 가입하다 | **gym** 체육관

 A: 나 이번 주에 크로스핏 체육관에 등록했어.
B: 아, 몸매 관리하려고?
A: 응, 내년 여름 결혼식을 위해서 몸매 관리하려고.
B: 나도 등록해야겠다!

 **SPEAKING TIP!**

to부정사와 부정어 not

to부정사를 부정하는 경우 not은 부정사 바로 앞에 써서 not to의 형식으로 사용합니다. 문장 전체를 부정하는 경우와 to부정사를 부정하는 경우는 문장의 의미가 달라질 수 있으니 주의하세요.

fold

동 접다　명 접은 부분, 주름

연관 어휘

bend 구부리다 | **fold up** 실패하다
fold one's arms[hands] 팔짱[깍지]을 끼다

Dialogue

A: The **acrobats** at Cirque de Soleil are amazing!
B: What do you mean?
A: This one girl **folded** herself into a **pretzel**.
B: I can **barely fold my arms**.

follow

동 따라 일어나다, 따라가다

연관 어휘

run after ~를 뒤쫓다 | **chase** 추적하다 | **go after** 뒤를 쫓아다니다
track 추적하다 | **trail** 미행하다

Dialogue

A: It might be easier if you just **follow** me in your car.
B: Okay. But don't drive too fast, okay? I don't want to **lose track** of you.
A: Sure. I'll **keep an eye on** you.
B: Great. See you there.

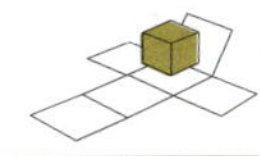

 **acrobat** 곡예사 | **pretzel** 프레첼(매듭 모양의 짭짤한 비스킷) | **barely** 간신히

 A: Cirque de Soleil 곡예단 대단해!
B: 무슨 소리야?
A: 여자 애 하나가 프레첼 안으로 몸을 접더라니까.
B: 나는 팔짱도 간신히 끼는데.

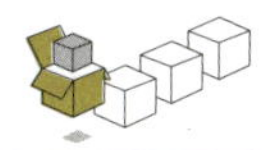

 **lose** 잃어버리다 | **keep an eye on** ~을 계속 지켜보다

 A: 그냥 내 차를 따라오는 게 더 쉬울 수도 있어.
B: 알았어. 하지만 너무 빨리 가지 마, 알겠지? 놓치기 싫으니까.
A: 그래. 널 계속 지켜보고 있을게.
B: 좋아. 거기서 봐.

 **SPEAKING TIP!**

by the way와 however

화제를 전환할 때 사용하는 표현 by the way와 however의 차이점은 그 앞의 이야기와 다음 이야기의 상관관계를 살펴보면 됩니다. by the way는 이전 소재와 전혀 상관없는 다른 이야기가 등장하고, however는 이전 화제와 반대되는 이야기가 등장합니다.

Word 084

fool

몡 바보　　몡 속이다

연관 어휘

silly 어리석은 | **stupid** 멍청한 | **fool yourself** 바보짓을 하다
make someone feel like a fool ~를 바보 취급하다

Dialogue

A: And so I **come out of** the bathroom and see Mark having dinner with another woman!

B: Oh, that's **awful**. What a jerk!

A: I feel like such a **fool**.

B: Don't be **silly**. How could you have known?

Word 085

forget

몡 잊다, ~할 것을 잊다

연관 어휘

absent-minded 딴 데 정신이 팔린
be on the tip of your tongue 생각이 날 듯 말 듯하다 | **forgetful** 잊기 쉬운
one's mind's gone blank 마음이 텅 비다

Dialogue

A: Oh, and get another **thingamajig** when you're at the store, please.

B: A what?

A: You know, a thingamajig. I **forget** what it's called. It's right **on the tip of my tongue**.

B: That happens to you **all the time**.

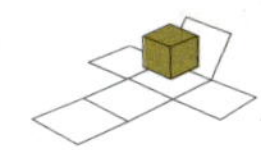

come out of ∼에서 나오다　|　**awful** 끔찍한

A: 내가 화장실에서 나와서 마크가 다른 여자랑 저녁을 먹고 있는 것을 본 거야!

B: 오, 끔찍하다. 이런 나쁜 놈!

A: 내가 바보가 된 기분이야.

B: 그런 소리 말아. 어떻게 알게 된 거야?

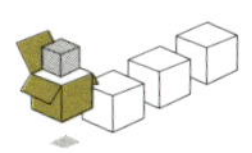

thingamajig 뭐라던가 하는 것(아무개, 거시기 등)　|　**all the time** 내내

A: 가게에 가서 그거 좀 사다줘.

B: 뭐?

A: 그거 있잖아. 그게 뭐였더라. 입에서만 막 맴도네.

B: 너는 항상 그러더라.

SPEAKING TIP!

feel like ∼ing

feel like ∼ing는 '∼하고 싶다'라는 의미로 사용되며 feel like 뒤에는 동사∼ing형이 따라온다는 것에 주의해야 합니다. 같은 의미로 [I feel inclined to 동사원형]도 사용할 수 있습니다. 예를 들어 '나는 산책하고 싶다.'라고 말하려면 I feel like taking a walk.나 I feel inclined to take a walk.라고 할 수 있습니다.

forgive 〔동〕 용서하다

연관 어휘

forgive and forget 깨끗이 잊어버리다 | **excuse** 용서하다
that's all right 괜찮다

Dialogue

A: Oh, I'm sorry. **Excuse** me.
B: That's **all right**. I **forgive** you.
A: Thank you.
B: Don't worry about it.

frightening 〔형〕 끔찍한, 무서운

연관 어휘

afraid 두려운 | **dread** 불안, 두려움 | **panic** 극심한 공포 | **horrible** 끔찍한
terrifying 무섭게 하는 | **scary** 두려운 | **spooky** 유령이 나올듯한 | **horror** 공포

Dialogue

A: Saw? I heard that movie was **scary**.
B: You don't like **horror** movies?
A: No, they're too **frightening**. I have **nightmares** for weeks.
B: Really? I think they're funny.

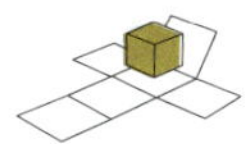

all right 괜찮은

A: 오, 죄송해요. 실례합니다.

B: 괜찮아요. 용서해 드릴게요.

A: 감사합니다.

B: 걱정하지 마세요.

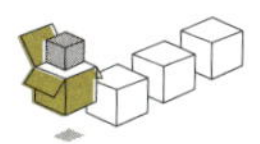

saw see (보다)의 과거 | **nightmare** 악몽

A: 봤어? 그 영화 무섭다더라.

B: 공포 영화 안 좋아해?

A: 응, 너무 무서워. 악몽을 몇 주나 꾼단 말이야.

B: 정말? 난 재미있는 것 같은데.

SPEAKING TIP!

forget to tell과 forget telling

몇몇 동사들은 to부정사와 동명사를 모두 취할 수 있습니다. forget도 그 중 하나이지만 이 둘의 의미는 조금 다릅니다. I forgot to tell you.는 '말해야 할 것을 잊었다.'라는 뜻이고, I forgot telling you.는 '말했던 사실을 잊었다.'라는 뜻입니다.

frustrate 　동 괴롭히다, 좌절시키다, 망가뜨리다

연관 어휘

irritate 짜증나게 하다 | **bother** 괴롭히다 | **annoying** 짜증스러운
make someone feel annoyed ~를 짜증나게 하다

Dialogue

A: Gah! This game is so **frustrating**!

B: What's **bothering** you?

A: I can't get **past** this level **boss**. I've been trying for hours.

B: That's **annoying**.

funny 　형 우스운

연관 어휘

make somebody laugh ~를 웃게 만들다 | **riot** 아주 재미있는 사람 | **witty** 익살맞은
humorous 유머가 있는 | **hilarious** 몹시 재미있는

Dialogue

A: I think you'll love Meredith. She's **hilarious**.

B: Yeah, Andrew said she's **funny**.

A: She's always **making people laugh**.

B: I always like a woman with **a sense of humor**.

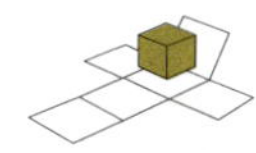

 **past** 지나간 | **boss** 두목

 A: 이런! 이 게임 너무 짜증나!
B: 뭐가 그렇게 짜증나는데?
A: 이 단계 왕을 못 깨겠어. 몇 시간째 하고 있어.
B: 그럼 짜증나지.

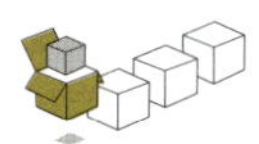

 **a sense of humor** 유머 감각

 A: 내 생각엔 너 메레디스를 사랑하게 될 거야. 정말 재미있는 여자야.
B: 응, 앤드류도 그녀가 재미있다고 하더라.
A: 그녀는 항상 다른 사람을 웃게 해.
B: 난 유머 감각이 있는 여자가 좋더라.

 **SPEAKING TIP!**

that

that은 지시대명사로 지시사의 기능이 있으며 접속사 관계대명사로서 연결사의 기능도 있습니다. this–that의 대조적으로 쓰이는 경우는 명사의 반복을 피하기 위해 쓰는 지시대명사의 경우이고, I think your trouble is that you're selfish. '나는 네 문제가 이기적인 것이라고 생각해.'의 경우에는 명사절을 이끄는 접속사로 사용된 것입니다.

영어 말하기 필수 영단어

Speaking
VOCA

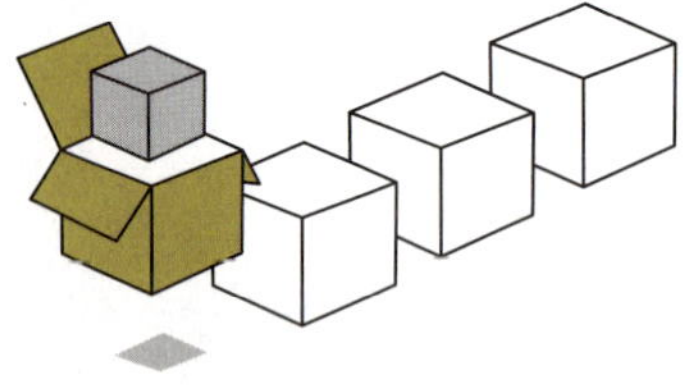

G~I

get · give · great · grow
guess · guilty

habit · happen · hard · harm
healthy · hear · heavy · help
hide · hold · home · honest
horrible · hungry · hurry · hurt

idea · imagine · important
impossible · include · increase
injection · instead · intend · interfere
invent · invite

get

동 받다, 되다, 도착하다, 이해하다, 답하다

연관 어휘

obtain 획득하다 | **get hold of** ~와 연락하다 | **gain** 얻다 | **receive** 받다
score 득점하다

Dialogue

A: Were you able to get hold of Dave?
B: No, I couldn't get his number from anyone.
A: Oh really? I have it. Here: 010-5656-7878.
B: Thanks!

give

동 주다, 제공하다

연관 어휘

provide 제공하다 | **pay money** 지불하다 | **give it a shot** 시도하다
Give me a break! 그만 좀 해 | **don't give a damn** 관심이 없다

Dialogue

A: What the… Give me a break!
B: What's the trouble?
A: This website wants me to pay money for their news articles.
B: Seriously? Doesn't advertising give them enough?

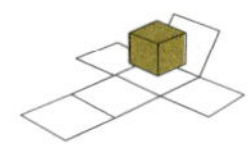

be able to ~할 수 있다

A: 데이브와 연락 됐어?
B: 아니. 전화번호를 아무도 모르던데.
A: 정말? 나 있는데. 여기 있어. 010-5656-7878.
B: 고마워!

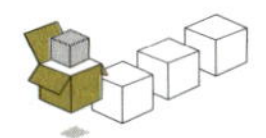

trouble 문제 | **website** 웹사이트 | **article** 글, 기사
seriously 정말 | **advertising** 광고

A: 이런… 그만 좀 해!
B: 무슨 문제 있어?
A: 이 웹사이트는 뉴스 기사를 읽으려면 돈을 내라잖아.
B: 정말? 광고로는 돈을 못 버나?

SPEAKING TIP!

one과 it의 쓰임

it은 가리키는 대상이 분명할 때 사용하고, one은 가리키는 대상이 불명확할 때 사용합니다. Do you have my book? '너 내 책 가지고 있어?'라는 질문에 I have it.이라고 하면, '내가 네 책을 가지고 있어.'라는 뜻으로 it이 가리키는 대상이 확실하지만, Do you have a book? '너 책 있어?'의 대답으로 I have one.이라고 답하면 one이 의미하는 책이 특정한 책이 아니고 일반적인 '책'을 뜻합니다.

Word 092

great 형 아주 좋은, 굉장한

연관 어휘

brilliant 훌륭한 | **amazing** 놀라운 | **incredible** 믿을 수 없는
excellent 훌륭한 | **outstanding** 탁월한 | **exceptional** 매우 뛰어난

Dialogue

A: This new album by *The Roots* is **incredible**.

B: Everything they do is **great**.

A: I know, but one this **simply brilliant**.

B: You say that every time a new one **comes out**.

Word 093

grow 동 자라다, 성장하다

연관 어휘

develop 발전시키다 | **plant** 식물 | **get taller** 자라다 | **grow up** 성장하다

Dialogue

A: My garden is **growing out of control**.

B: Mine too. Every time I look at it the plants are **getting taller** and taller.

A: Do you know anyone who needs some **zucchini**?

B: If you find someone, let me know. I'll give them some, too.

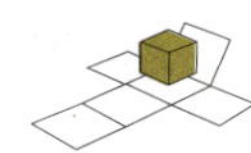

simply 그냥 | **come out** 나오다, 출간(출시)되다

A: 이 *The Roots* 새 앨범 끝내줘.

B: 그들 노래는 모두 좋아.

A: 알아, 하지만 이번 것은 굉장해.

B: 너는 새 앨범이 나올 때마다 그 말하더라.

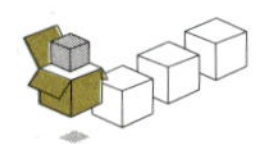

out of control 통제 불능의 | **zucchini** 주키니(서양호박)

A: 내 정원에 풀들이 너무 많이 자라.

B: 나도 그래. 내가 볼 때마다 식물이 점점 더 자라는 것 같아.

A: 주키니 필요한 사람 없나?

B: 주변에 누구 있으면 알려줘. 나도 좀 나눠줄게.

SPEAKING TIP!

get

get이 '점차 ~이 되다'라는 의미로 사용되는 경우 뒤에 비교급이 등장해서 그 변화의 느낌을 강조합니다. 이 경우 동사 get 대신 grow, become을 사용해도 같은 뜻입니다.

guess　　명 추측　　동 추측하다

연관 어휘

have a guess 알아맞히다 | **take a guess** 추측하다 | **estimate** 추정하다
wild guess 근거 없는 짐작 | **speculation** 심사숙고
overestimate 과대 평가하다 | **underestimate** 과소 평가하다

Dialogue

A: You'll never **guess** who's coming for dinner.
B: I **have no idea**.
A: Oh, **come on**. **Take a wild guess**.
B: Britney Spears?

guilty　　형 죄책감이 드는

연관 어휘

responsible 책임 있는 | **conscience** 양심 | **feel bad** 유감스럽다
feel ashamed 겸연쩍어하다

Dialogue

A: I think we need to **put** the dog **down**.
B: God, I **feel bad** about doing it, but I think you're right.
A: She's in so much pain, but I still feel **guilty** about it.
B: Yes, but it's not **responsible** to let her **suffer**, either.

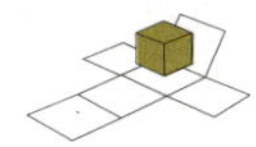

 **have no idea** 전혀 모르다 | **come on** (도전할 때) 자, 오너라

 **A:** 오늘 저녁 먹으러 누가 오는지 절대 모를걸.
B: 모르겠는데.
A: 야, 그냥 한번 찍어봐.
B: 브리트니 스피어스?

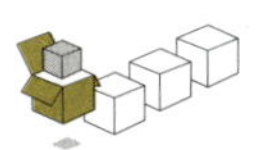

 **put down** 안락사시키다 | **suffer** 고통받다

 **A:** 우리 개 안락사시켜야 할 것 같아.
B: 이런, 그렇게 하면 기분이 안 좋아. 하지만 네 말이 맞는 것 같아.
A: 너무 아파하잖아, 하지만 죄책감이 들어.
B: 맞아, 하지만 우리가 그렇게 아파하게 놔둘 수도 없는 거니까.

 **SPEAKING TIP!**

no와 not의 차이

no와 not은 모두 부정문을 만들기 위해 사용합니다. 하지만 no는 명사를 부정하고 not은 동사를 부정합니다. I don't have any idea. '나는 모르겠어.'와 I have no idea. '나는 모르겠어.' 두 문장의 경우를 보면 [not any+명사]를 [no+명사]로 바꾼 것이라고 생각하면 됩니다.

habit 명 습관

연관 어휘

break the habit 습관을 버리다 | **practice** 실천하다
have the habit of doing something ~하는 습관을 가지다 | **custom** 관습
old habits die hard 세 살 버릇 여든 간다

Dialogue

A: I've **gotten into** the **habit** of **working out** early in the morning and it feels great!
B: I've heard that's a good **custom**.
A: Yes, it gives me energy for the **whole** day.
B: It **sounds like** something I should try!

happen 동 발생하다

연관 어휘

occur 일어나다 | **event** 일어난 일 | **incident** 사건 | **occasion** 경우
experience 경험하다

Dialogue

A: Did you hear what **happened** last night?
B: No, what?
A: All I know is there was an **incident** in the **village**.
B: Maybe it will be on the **news** tonight.

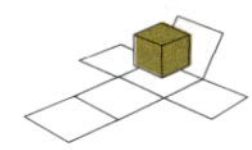

get into (특정한 상태에) 처하다 | **work out** 운동하다 | **whole** 전체의
sound like ~처럼 들리다

A: 아침 일찍 운동하는 것이 습관이 된 것 같아. 기분이 아주 좋아!
B: 그게 좋은 습관이라던데.
A: 맞아, 하루 종일 힘이 넘쳐.
B: 나도 한번 해봐야겠는걸!

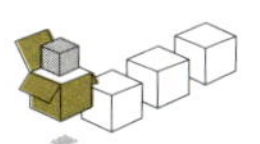

village 마을 | **news** 소식, 뉴스

A: 어젯밤에 무슨 일 있었는지 들었어?
B: 아니, 무슨 일?
A: 그냥 동네에서 사고가 났다고만 들었어.
B: 아마 오늘 밤에 뉴스에 나올 거야.

SPEAKING TIP!

get의 동사 변화

get은 동사 변화를 할 때 과거형으로는 got, 과거분사로는 gotten으로 변합니다. 하지만 미국 영어에서는 분사형태로 gotten을, 영국영어에서는 got을 주로 사용하므로 have got이 등장 한다면 여기에 got은 과거분사로 이해해야 합니다.

Word 098

hard

[형] 단단한, 어려운, 불친절한

098-099

연관 어휘

learn the hard way 경험을 통해 배우다 | **hard to believe** 믿기 어려운
difficult 힘든 | **tough** 힘든 | **give somebody a hard time** ~를 힘들게 하다

Dialogue

A: Gerry's having a **difficult** time in school this year.

B: What's the matter?

A: He says the other kids **give him a hard time** because he looks different.

B: That's really **mean**. Kids are so **cruel**.

Word 099

harm

[명] 해, 손상　[동] 해를 입히다

연관 어휘

harmless 해롭지 않은 | **There is no harm in ~ing** ~해서 나쁠 건 없다

Dialogue

A: Do you think I should apply to **grad school**?

B: **There's no harm in trying**.

A: Yeah, I guess the **application fee** is only $120.

B: That's not **entirely harmless**, but it's better than I expected.

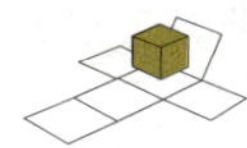

 **mean** 비열한 | **cruel** 잔인한

A: 게리가 올해 학교에서 좀 힘든 것 같아.

B: 무슨 일 있어?

A: 외모가 다르게 생겼다고 다른 애들이 못살게 군대.

B: 진짜 비열하다. 애들이 진짜 잔인해.

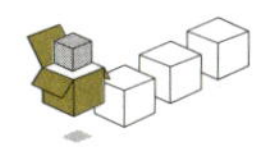

 **grad school** 대학원 | **application** 지원 | **fee** 수수료
entirely 전적으로

A: 내가 대학원에 지원해야 할까?

B: 시도해본다고 손해 볼 건 없잖아.

A: 그렇지, 그냥 전형료가 120달러라는 것뿐.

B: 손해가 아예 없는 건 아니지만, 내가 생각했던 것보다 괜찮은데.

 *SPEAKING TIP!*

not이 없어도 부정할 수 있다?

단어 중 그 자체에 부정의 의미가 있는 단어가 있습니다. 그 중 하나가 hardly라는 부사입니다. 따라서 I can hardly beliveve it.은 '난 거의 믿어지지 않는다.'로 해석합니다. 부사 hard와 철자가 비슷하다고 해서 혼동하지 마세요.

healthy 　형 건강한

연관 어휘

be well 컨디션이 좋다 | **fine** 건강한 | **better** 더 좋은 | **fit** 좋은 건강 상태인
get in shape 좋은 몸 상태를 유지하다

Dialogue

A: Hey! Back at the gym I see. **Getting** back **in shape**?

B: Yeah, my doctor says if I don't get **healthy** I'm going to have a **heart attack**.

A: That's not good news.

B: It's good **motivation** to stay **fit**!

hear 　동 듣다, 이해하다

연관 어휘

overhear 우연히 듣다 | **can't hear** 들을 수 없다 | **deaf** 귀가 먹은
didn't catch 듣지 못했다 | **hard of hearing** 말귀가 어두운 | **eavesdrop** 엿듣다

Dialogue

A: I didn't **mean to eavesdrop**, but I couldn't help **overhear** you talking about cycling.

B: Oh, **no worries**. Are you a **cyclist**?

A: Yes, I ride to work every day and I've been touring a couple of times.

C: Did I **hear** someone talking about **bikes**?

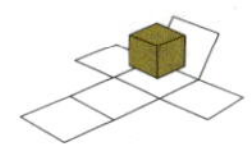

 **heart attack** 심장마비 | **motivation** 동기부여

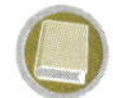 **A:** 이봐! 운동 다시 하나 봐. 건강은 좀 괜찮아지고?

B: 응, 의사가 건강을 되찾지 않으면 심장마비가 올 수도 있대.

A: 그건 안 좋은 소식이잖아.

B: 건강 관리를 하기에 좋은 동기부여가 되긴 해!

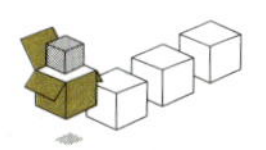

 **mean to** ~할 셈이다 | **no worries** 괜찮아요 | **cyclist** 자전거를 타는 사람
bike 자전거, 오토바이

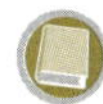 **A:** 엿들으려고 한 건 아니지만 자전거에 대해서 이야기하는 것을 엿듣지 않을 수 없었어요.

B: 오, 괜찮아요. 자전거 타시나 봐요?

A: 네. 매일 아침 자전거로 출근하고 여행도 몇 번 다녔어요.

C: 누가 지금 자전거에 대해 이야기하고 있어?

 **SPEAKING TIP!**

부정사의 용법

조동사나 다른 동사와 함께 쓰이는 동사의 형태를 부정사라고 합니다. 원형을 사용할 때는 원형부정사, 앞에 to를 붙여 사용할 때는 to부정사라고 하죠. to부정사는 명사, 형용사, 부사로 사용되어 그 쓰임이 다양합니다. 그 중 a dumb thing to do '멍청한 짓을 하는 것'의 경우 앞에 있는 a dumb thing을 수식하는 형용사적 용법으로 사용되었습니다.

heavy　형 무거운, 심각한

연관 어휘

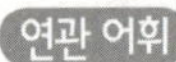

too heavy 너무 무거운 | **how heavy** 얼마나 무거운 | **a heavy rain** 폭우
a heavy cold 지독한 감기 | **scale** 저울

Dialogue

A: I'm **on a** new **diet** and I'm **working out** four days a week, but I'm not losing any weight!
B: That's **depressing**. How **heavy** are you?
A: 120 kilograms.
B: Are you sure? I think your **scale** is broken.

help　명 도움, 지원　　동 도와주다

연관 어휘

give somebody a hand ~에게 도움을 주다 | **assist** 돕다
be a help 도움이 되다 | **someone to turn to** 의지할 사람
help yourself 마음껏 드세요 | **support** 지원하다, 지지하다

Dialogue

A: You **look like** you need some **help**. Can I **give you a hand**?
B: Please! **Grab** the other side.
A: I think you need an **assistant**!
B: **Probably**. Thanks for your help.

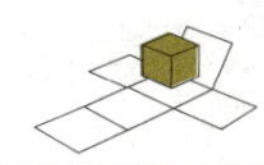

 **be on a diet** 다이어트 중이다 | **work out** 운동하다 | **depressing** 우울한

 **A:** 나 지금 다이어트해. 그리고 일주일에 4번이나 운동을 하고 있지만 살이 안 빠져.
B: 실망스러운걸. 얼마나 나가는데?
A: 120kg.
B: 정말이야? 내 생각엔 저울이 고장 난 것 같은데.

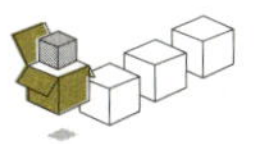

 **look like** ~처럼 보이다 | **grab** 붙잡다 | **assistant** 조수, 보조
probably 아마도

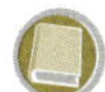 **A:** 도움이 필요할 것 같은데. 좀 도와줄까?
B: 제발 좀! 저쪽 좀 잡아줘.
A: 내 생각에 너 조수가 필요할 것 같은데!
B: 아마도. 도와줘서 고마워.

 **SPEAKING TIP!**

turn out

turn out은 '~으로 밝혀지다'라는 의미로 사용할 경우에는 자동사로서 prove와 바꾸어 쓸 수 있습니다. 하지만 turn out은 뒤에 목적어를 사용해 타동사로 사용되기도 하는데 이 경우는 '불을 끄다', '잠그다'의 의미로도 사용합니다.

Word 104

hide   동 숨다

연관 어휘

conceal 숨기다 | **cover** 가리다, 덮다 | **bury** 묻다 | **disguise** 위장하다
hideout 비밀은신처 | **veil** 베일로 가리다

Dialogue

A: I love your new **tattoo**!

B: Yeah, me too, but my boss says I need to **hide** it at work.

A: That's not **unusual**. Most places **prefer** you **to cover** them up.

B: Yeah, I should have thought about the **placement** a little better.

Word 105

hold   명 쥐기, 잡기   동 쥐다, 붙들다

연관 어휘

get a hold of 연락하다 | **hold a meeting(seminar)** 미팅(세미나)을 개최하다
hold something back 숨겨두다 | **hold the line** 전화를 끊지 않고 기다리다
hold your breath 숨을 잠시 멈추다 | **take hold of** 붙잡다 | **hold on** 계속 잡고 있다

Dialogue

A: You can talk to me. I'm on **hold**.

B: Oh, okay. Sarah says to let you know she's **holding the meeting** this afternoon in 206.

A: Thanks. I'll be there.

B: **Get a hold of** her if you need anything **added** to the **agenda**.

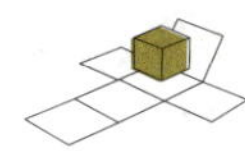

 **tattoo** 문신 | **unusual** 특이한, 흔치 않은 | **prefer to** ~을 더 선호하다
placement (어디에) 놓기, 배치

 **A:** 새로 한 네 문신 정말 좋아!
B: 나도 그래. 하지만 상사가 회사에서는 숨기고 다니래.
A: 이상할 것도 없지 뭐. 어딜 가든 가리고 다녀야 할 거야.
B: 맞아, 문신하기 전에 어디에 할지 좀 더 생각했어야 했어.

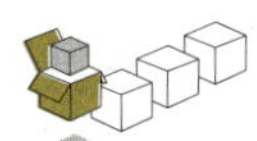

 **add** 추가하다 | **agenda** 안건

 **A:** 나한테 이야기해도 돼. 나 듣고 있어.
B: 오, 그래. 사라가 206호에서 오늘 오후에 회의라고 알려주라던데.
A: 고마워. 들어갈게.
B: 안건에 추가할 것이 있으면 사라에게 연락해.

 **SPEAKING TIP!**

Me, too.

'나도 마찬가지야.'라는 의미로 사용되는 Me, too.와 같은 뜻의 표현을 so를 이용해 만들 수 있습니다. Me, too.는 [So+앞 절의 대동사+I]로 바꾸어 만드는데 I hope~의 응답으로 사용된 Me, too.의 경우 hope를 받는 대동사는 do이기 때문에, So do I.로 바꾸어 쓰면 됩니다.

Word 106

home　명 집

연관 어휘

homemade 집에서 만든 | **homesick** 향수병 | **homeland** 고향
feel at home 편안한 | **make yourself at home** 편히
place 장소 | **accommodation** 숙박

Dialogue

A: This **place** smells so much like **home**!

B: Yeah, it always makes me a little **homesick**, too.

A: And all the food is **homemade**! I **might have to pig out** a little.

B: Don't be **shy**. I think I might, too.

Word 107

honest　형 정직한

연관 어휘

can trust 신뢰할 수 있는 | **to be honest** 정직하게 말하면 | **honestly** 솔직히
frank 솔직한 | **integrity** 성실

Dialogue

A: Let me **be honest** with you **for a minute**.

B: Um, okay.

A: I **don't feel like** I **can trust** you.

B: Oh. I'm not sure what to say.

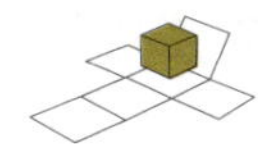

 **might have to** ～할지도 모른다 | **pig out** 돼지처럼 먹다 | **shy** 부끄러워하는

 **A:** 이곳은 정말 집에 온 것 같은 냄새가 나는데!

B: 맞아, 그래서 여기 오면 향수병에 걸리는 것 같아.

A: 그리고 모든 음식이 집에서 만든 거잖아! 나 돼지처럼 먹을 것 같아.

B: 부끄러워하지 마. 나도 그럴 거야.

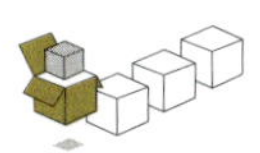

 **for a minute** 잠깐 동안 | **don't feel like** ～하고 싶지 않다

 **A:** 잠깐 동안 솔직히 이야기할게.

B: 그래, 알았어.

A: 나는 너를 못 믿고 있는 것 같아.

B: 이런. 무슨 말을 해야 할지 모르겠다.

 **SPEAKING TIP!**

must와 have to

보통 must와 have to는 바꿔 쓸 수 있다고 하지만, 부정문을 만들 경우에는 주의해야 합니다. must를 부정하면 must not으로 '～해서는 안 된다'의 의미가 되지만 have(has) to를 부정하게 되면 don't(doesn't) have to가 되며 의미는 '～할 필요가 없다'가 되기 때문입니다.

horrible　형 끔찍한

연관 어휘

terrible 끔찍한 소름끼치는 | **dreadful** 무시무시한 | **mean** 비열한
nasty 불쾌한 | **bad** 나쁜 | **horrid** 무시무시한

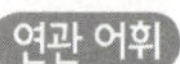

Dialogue

A: How's your day going?

B: **Honestly**? It's been **horrible**.

A: Oh no! What happened?

B: It's been so **completely terrible**; I'm not sure where to begin.

hungry　형 배고픈

연관 어휘

starving 굶주림 | **ravenous** 몹시 굶주린 | **feel like eating** 먹고 싶은 기분이다
appetite 식욕 | **famine** 기근

Dialogue

A: Is it time for lunch **yet**? I'm starving.

B: I'm kind of **hungry**, too.

A: **Feel like getting something to eat**?

B: Sure. Let's go grab a **snack**.

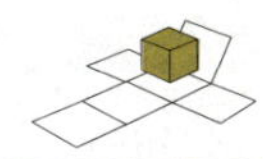

honestly 솔직히 | **completely** 완전히, 전적으로

A: 오늘 하루 어땠어?

B: 솔직히? 완전 꽝이었어.

A: 어이구! 무슨 일이 있었는데?

B: 완전 망쳤다니까, 어디서부터 시작해야 할지도 모르겠다.

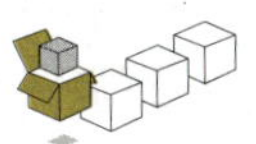

yet 아직 | **snack** 간식

A: 아직 점심시간 전인가? 배고파 죽겠다.

B: 나도 좀 배고파.

A: 뭐 먹으러 갈까?

B: 좋아. 간단하게 뭐 먹자.

SPEAKING TIP!

happen

happen은 '일어나다, 발생하다'라는 의미의 자동사입니다. 하지만 '우연히 ~하다'라는 의미로도 사용됩니다. '우연히 ~하다'라는 뜻으로 사용되는 경우에는 뒤에 to를 자주 동반합니다. 그래서 '우연히 만나다'는 happen to meet으로 표현할 수 있습니다.

Word 110

hurry

[동] 서두르다

연관 어휘

in a hurry 서둘러 | **quick** 빠른 | **hasty** 급한

 110-111

Dialogue

A: Could you make it **quick**? I'm **in** a bit of a **hurry**.

B: **Sure thing**. What's the rush?

A: My daughter is waiting for me at the **dentist**.

B: No problem. I'll **bring** you your order right away.

Word 111

hurt

[동] 다치다 [명] 상처

연관 어휘

be injured 상처를 입다 | **be hurt** 다치다 | **be wounded** 부상당하다
bruise 멍들다 | **sprain** 삐다 | **break** 부서지다

Dialogue

A: I think I **hurt** my **ankle pretty seriously**.

B: Do you think it's **broken**?

A: I don't think it's that bad, but it's **definitely sprained**.

B: Well, let's get you to a doctor.

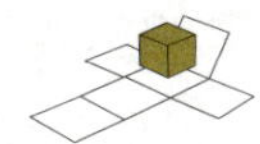

sure thing 네, 물론 | **dentist** 치과의사, 치과 | **bring** 가져오다

A: 빨리 좀 해주실래요? 제가 지금 좀 바빠서요.

B: 네. 왜 그렇게 바쁘세요?

A: 치과에서 딸이 기다리고 있거든요.

B: 알겠어요. 주문하신 걸 바로 가져다 드리겠습니다.

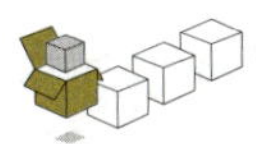

ankle 발목 | **pretty** 아주, 매우 | **seriously** 심각하게
definitely 분명히, 확실하게

A: 내 생각에 내 발목이 꽤 심각한 것 같아.

B: 부러진 것 같아?

A: 그렇게 나쁘진 않은 것 같지만, 삔 건 확실해.

B: 그럼, 우리 병원에 가보자.

SPEAKING TIP!

make

'~을 만들다, ~을 ~하게 만들다'라는 의미로 사용되는 make에 '~이 되다'라는 뜻도 있습니다. 예로 You will make a beautiful bride.에서 make가 become이나 be동사 처럼 '~이 되다'로 사용된 것이니 해석에 주의해야 합니다.

idea 　명 생각, 아이디어

연관 어휘

creative 창조적인 | **full of ideas** 생각이 많은 | **imaginative** 상상력이 풍부한
theory 이론 | **come up with** 떠올리다 | **only a thought** 단지 한 생각

Dialogue

A: Have you ever **watched** a TED talk?

B: I love them. There are many **creative ideas**.

A: I have **subscribed** to their podcast. I love how **imaginative** people are.

B: It's true. I hope I can do something that great **someday**!

imagine 　동 상상하다

연관 어휘

picture 마음에 그리다 | **can see** 알 수 있는 | **dream of** ~을 상상하다, 꿈꾸다

Dialogue

A: A one-week trip to Hawaii? Can you **imagine**?

B: I **can see** it in my head. White **sandy** beaches...

A: It's the **picture** of **perfection**. Let's enter the **contest**.

B: Okay! I think they're selling tickets over there.

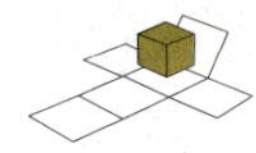

watch 보다, 주시하다 | **subscribe** 구독하다, 신청하다 | **someday** 언젠가, 훗날

A: TED 토크라고 봤어?

B: 나 그 프로 좋아해. 아주 창의적인 아이디어들이 많더라.

A: 그 프로그램 구독해서 보고 있어. 나는 사람들이 상상력을 펼치는 게 좋더라.

B: 맞아. 나도 언제가 그런 걸 해볼 수 있다면 좋겠어!

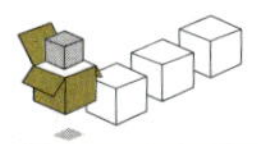

sandy 모래로 뒤덮인 | **perfection** 완벽 | **contest** 대회, 시합

A: 일주일간 하와이 여행? 상상할 수 있겠어?

B: 내 머릿속에 그릴 수도 있겠어. 하얀 모래사장이 펼쳐진 바다와…

A: 완벽이 바로 그것이지. 우리 저 대회에 참가해보자.

B: 좋아! 저쪽에서 표를 파는 것 같던데.

SPEAKING TIP!

there의 쓰임

there는 장소를 나타내는 부사로 '거기에'라는 뜻으로 사용하기도 하지만 문장 앞에 나와 유도부사로 사용되기도 합니다. There is(are) 구문을 유도부사 구문이라고 말하고, 이 때 문장의 주어와 동사는 순서가 바뀌어서 [There 동사+주어]의 어순이 됩니다. 이와 비슷한 어순으로 부사를 강조하기 위해 문장 앞에 놓을 경우에도 유도부사 구문처럼 [동사+주어]의 어순을 따릅니다.

Word 114

important 형 중요한

연관 어휘

big 중요도가 큰 | **main** 중심이 되는 | **great** 대단한 | **weighty** 중요한
vital 긴요한 | **historic** 역사상 중요한 | **significant** 주목할 만한
crucial 아주 중요한 | **major** 주요한 | **above all** 무엇보다도

Dialogue

A: Hey, you **fell asleep** and missed the **important** information about the test!

B: What? Huh? Oh! What did the professor say?

A: A **big** part is going to be vocabulary, but there will be a **significant emphasis** on grammar as well.

B: Oh no. I think I'm going to **fail**.

Word 115

impossible 형 불가능한

연관 어휘

there's no way ～할 방법이 없는 | **out of the question** 불가능한
dream on 꿈 깨 | **slim chance** 희박한 가능성 | **fat chance** 희박한 가망성
not on your life 살아 생전에는 안 되는(단호한 거절)

Dialogue

A: I think we should try skydiving tomorrow.

B: **No way. Completely impossible.** I'm **terrified of heights**.

A: I think you should **give it a try**. You might find you like it!

B: **Not on your life.**

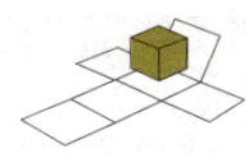

fall asleep 잠들다 | **emphasis** 강조, 주안점 | **fail** 낙제하다, 실패하다

A: 저기, 너 잠들어서 시험에 관한 중요한 정보를 놓쳤지!

B: 뭐? 진짜? 오! 교수님께서 뭐라고 하셨는데?

A: 단어에서 많이 나올 거고, 문법 부분도 아주 중요하다고 하셨어.

B: 이런. 나는 낙제하겠네.

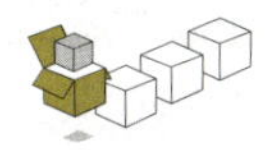

completely 완전히 | **terrified of** ~을 두려워하다
height 높은 곳, 높이 | **give it a try** 시도하다

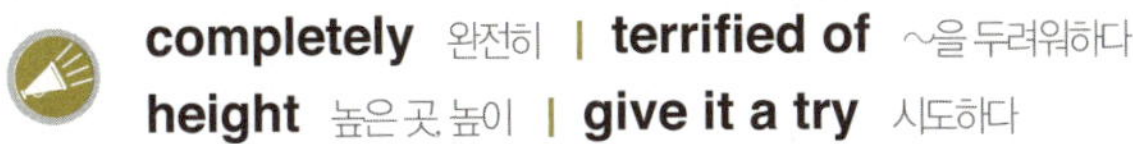

A: 내일은 스카이다이빙에 한 번 도전해봐야 할 것 같아.

B: 절대 안 돼! 절대 불가능해. 난 고소공포증이 있다고.

A: 한 번 도전해 봐. 좋아할 수도 있잖아!

B: 내 눈에 흙이 들어가기 전엔 안 돼.

SPEAKING TIP!

Life is too short to fight.는 to부정사의 관용적 용법으로 '인생이 너무 짧아 싸울 시간도 없다.'라는 의미로 해석하면 됩니다. Life is so short that we can't fight.로 바꿀 수도 있습니다.

Word 116

include   동 포함하다

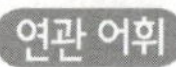

연관 어휘

consist of ~로 이루어 지다 | **contain** 포함하다 | **cover** ~을 다루다
range from 범위가 ~부터이다 | **count someone in** ~를 같은 패에 넣다

Dialogue

A: Is that everyone we wanted to **include** on the guest list?

B: I think that **covers** everyone in **both** our families.

A: What about your friends?

B: Yes, they're on the list, too.

Word 117

increase   동 증가하다   명 증가

연관 어휘

go up 오르다 | **push up** 밀어 올리다 | **rise** 오르다
soar 치솟다 | **skyrocket** 급상승하다

Dialogue

A: Have sales **increased** over the last **quarter**?

B: Increased? They've **skyrocketed**. We're up 300%.

A: That's **amazing**!

B: I hope they'll **continue** to **rise** until the end of the
year. I smell a bonus!

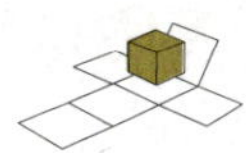

 **both** 둘다

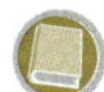 **A:** 우리가 초대하고 싶은 사람이 전부 손님 목록에 포함되었나?

B: 우리 양가 가족들은 모두 포함된 것 같아.

A: 당신 친구들은 어떻고?

B: 맞아, 친구들도 있고.

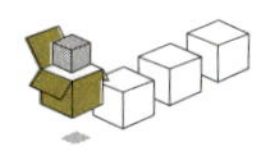

 **quarter** 4분기 중 1분기, 4분의1 **|** **amazing** 놀라운
continue 계속되다 **|** **until** ~까지

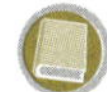 **A:** 지난 분기에 영업실적이 좀 올랐나?

B: 올랐냐고? 완전 폭등했지. 300% 성장했는걸.

A: 대단하다!

B: 올 연말까지 계속 올랐으면 좋겠다. 보너스 받겠어!

 **SPEAKING TIP!**

[all/both/every+not]=부분 부정

all '모두', both '둘 다', every '모든' 등 전부를 나타내는 단어에 부정어 not을 붙이면, 모두를 부정하는 것이 아니라 '전부 ~은 아니다'라는 의미의 부분 부정의 뜻이 됩니다.

 **Word 118**

injection 명 주사

연관 어휘

get a shot 주사 한 대를 맞다
give somebody a shot/an injection ~에게 주사를 놓다

Dialogue

A: So, what did the doctor say?

B: He said it was a **minor infection**, and gave me a **prescription** for some **antibiotics**.

A: Is that all?

B: I **got a shot** as well, and I have to go back for another **injection** next week.

 **Word 119**

instead 부 ~대신에

연관 어휘

rather than ~보다는 | **in place of something** ~을 대신하여
go on somebody's behalf ~를 대신하여 가다
stand in for somebody ~의 대역을 하다 | **replacement** 대체

Dialogue

A: Todd's unavailable this weekend, so I have to go to the **conference instead**.

B: Well, **at least** you'll get a good dinner out of it.

A: **For sure!** I'll **go on anyone's behalf** if there's free food **involved**.

B: Are you serious?

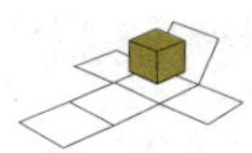

minor 심각하지 않은, 작은 | **infection** 감염
prescription 처방전 | **antibiotics** 항생제

A: 의사가 뭐라고 해?

B: 그냥 감염이래, 그리고 항생제 처방해주더라.

A: 그게 다야?

B: 주사도 맞았어. 그리고 다음 주에 다시 가서 주사 맞아야 해.

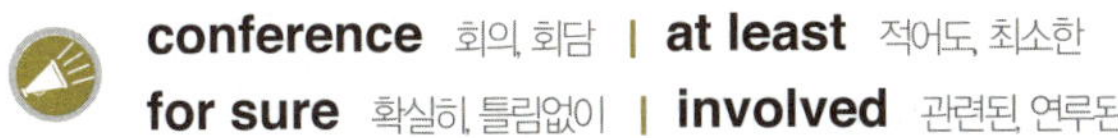

conference 회의, 회담 | **at least** 적어도, 최소한
for sure 확실히, 틀림없이 | **involved** 관련된, 연루된

A: 토드는 이번 주에 안 된다고 해서 내가 대신 회의에 가야 해.

B: 그래, 최소한 가면 맛있는 저녁은 먹겠구나.

A: 그렇겠지! 나는 밥만 주면 누굴 대신해서든 갈 수 있어.

B: 정말이야?

SPEAKING TIP!

수여동사는 '~에게 ~을 주다'의 구조입니다. 이 경우 사람은 간접목적어, 사물은 직접목적어라 부릅니다. 이런 수여동사는 간접목적어를 전치사와 함께 뒤로 보낼 수 있는데 show의 경우는 to를 사용합니다. He showed his picture to me. '그는 내게 그의 사진을 보여주었다.'

Word 120

intend
동 의도하다

연관 어휘

meant to do something ~하기로 되어 있다
set out to do something ~하기를 시작하다

Dialogue

A: Oh darn. I **intended** to send out the **invitations** this afternoon.

B: You'll have to do it tomorrow, then.

A: I hate when I **set out to do something** and get **interrupted**.
I always forget what I was doing!

B: Happens to me all the time.

Word 121

interfere
동 참견하다, 끼어들다, 방해하다

연관 어휘

meddle 간섭하다 | **poke your nose into something** ~에 (쓸데없이) 참견하다
put your nose into someone's business ~의 일에 참견하다
busybody 참견 잘하는 사람 | **nosy** 참견하기 좋아하는
mind your own business 자신의 일에만 신경 쓰다

Dialogue

A: Go **interfere somewhere else**.

B: I'm sorry; I didn't mean to **meddle**.

A: Go on, now. **Mind your own business**.

B: There's no need to be **rude**.

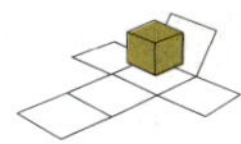

 **invitation** 초대, 초대장 | **interrupt** 방해하다

 **A:** 이런. 오늘 오후에 초대장 보내려고 했는데.
B: 내일 해야겠네.
A: 나는 계획을 세워놓고 방해받는 게 제일 싫어. 나는 항상 뭘 하고 있었는지 잊어 버린단 말이야!
B: 나도 항상 그러는 걸 뭐.

 **somewhere else** 어딘가 다른 곳에서 | **rude** 무례한

 **A:** 저기 다른 데 가서 참견해.
B: 미안해. 간섭하려던 건 아니야.
A: 이제 그만 가라. 네 일이나 하라고.
B: 그렇게 무례하게 말할 건 없잖아.

 **SPEAKING TIP!**

often, sometimes, always 등과 같이 횟수나 빈도를 나타내는 부사를 빈도부사라고 합니다. 이 빈도부사는 문장 내에 등장하는 위치가 고정되어 있습니다. be동사나 조동사가 쓰인 경우에는 be동사, 조동사 다음, 일반동사가 사용된 문장에는 일반동사 앞에 위치합니다.

Word 122

invent　동 발명하다

122-123

연관 어휘

create 창조하다 | **think up** 발명하다 | **come up with** 생산하다, 제안하다
make up a story 이야기를 지어내다 | **devise** 고안하다

Dialogue

A: Nicola Tesla **invented** a lot of stuff in his time.

B: Really?

A: Yeah, he created **alternating current**, **RADAR**, and wireless communication. And about a dozen other things.

B: Wow. How did he **come up with** all these things?

Word 123

invite　명 초대　동 초대하다

연관 어휘

ask someone out ～에게 데이트를 청하다 | **have somebody over** ～를 초대하다
guest 손님 | **standing invitation** 계속 유효한 초대장

Dialogue

A: I'd love to **take you up on** your **invite**, but I'm afraid I'm busy this weekend.

B: That's too bad. It's a **standing invitation**. Just let us know when you're free.

A: **Absolutely**. I'll have to **have you over** next time.

B: For sure.

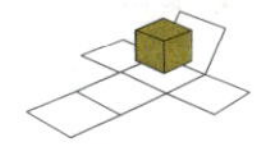

alternating current (전기의) 교류 | **RADAR** 레이더

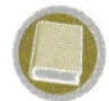
A: 니콜라 테슬라는 그 시대에 많은 것을 발명했어.

B: 정말?

A: 응. 교류, 레이더, 무선통신도 발명했는걸. 그리고 다른 발명품이 한 다스는 되지.

B: 대단하다. 어떻게 그런 걸 다 생각해 냈을까?

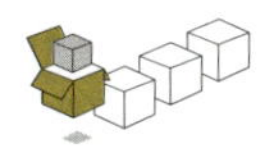

take a person up on ～의 요청에 따라 (제안 · 초대 등을) 받아들이다
absolutely 물론, 그럼

A: 초대에 기꺼이 응하고 싶지만 이번 주말에는 바빠요.

B: 안됐네요. 초대는 언제든 유효하니 시간이 되실 때 알려주세요.

A: 물론이죠. 다음에는 제가 모실게요.

B: 좋아요.

SPEAKING TIP!

시간부사절

when은 종종 시간을 나타내는 부사절을 이끌며 흔히 '～할 때'라는 의미로 사용됩니다. 아직 닥치지 않은 미래의 의미를 나타내지만 when이 이끄는 부사절 안에서는 will을 사용하지 않고 현재시제를 사용해서 미래의 의미를 나타냅니다.

Speaking VOCA

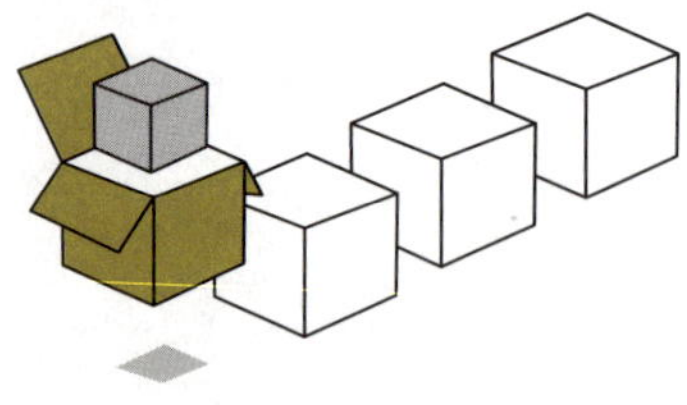

Chapter 04

J ~ N

join · joy

keep · kind · know

lack · late · law · lazy · learn
leave · less · lift · lip · little
loose · lose · lot

make · manage · matter · mean
mind · mistake · more · must · myself

natural · near · never
new · notice

join

[동] 연결하다, 가입하다, 합하다

연관 어휘

fix 고정시키다 | **attach** 부착하다 | **fasten** 조이다 | **connect** 연결하다
link 잇다 | **team up with** ~와 협력하다

Dialogue

A: Mind if I **join** in?

B: **Not at all**. How about **teaming up with** Betty?

A: Great.

B: Okay, is everyone ready? Let's start.

joy

[명] 기쁨, 즐거움

연관 어휘

joyful 즐거운 | **overjoyed** 매우 기쁜 | **jumping with joy** 좋아서 날뛰는
tears of joy 기쁨의 눈물 | **get a kick out of** 즐기다

Dialogue

A: You should have seen them when they opened their presents.

B: I'm so **sad** I **missed** it.

A: They were **jumping with joy**!

B: I'm sure I would have **gotten a kick out of** it.

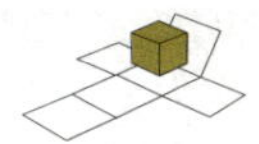

not at all 전혀

A: 제가 함께 해도 될까요?

B: 그럼요. 베티와 팀을 하시는 게 어때요?

A: 좋아요.

B: 그럼, 모두 준비 됐죠? 시작합시다.

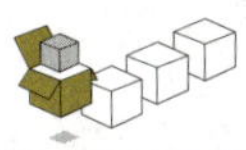

sad 슬픈 | **miss** (기회 등을) 놓치다

A: 그들이 선물을 열어봤을 때 너도 봤어야 했어.

B: 그 순간을 놓치다니 아쉽다.

A: 기뻐서 날뛰더라고!

B: 분명히 나도 함께 즐거워했을 텐데.

SPEAKING TIP!

mind

Sound body sound mind.는 '건강한 신체에 건강한 정신'이라는 격언입니다. mind는 '마음'이라는 뜻도 있지만 '~을 꺼려하다'라는 의미도 있습니다. mind가 '꺼려하다'라는 의미로 사용되는 경우 mind는 뒤에 동명사만이 목적어로 올 수 있습니다.

Word 126

keep 동 계속하다, 유지하다

126-127

연관 어휘

store 저장하다 | **stick to** 고수하다 | **go on** 계속해 나가다
carry on 계속해서 하다 | **save** 지키다 | **keeper** (건물, 물건 등을) 지키는 사람

Dialogue

A: **What** are you **keeping** this **for**?
B: I'm sure I'll need it later.
A: Do you have a **place** to **store** it?
B: How about over the **fridge**?

Word 127

kind 명 종류 형 친절한

연관 어휘

of some kind ~의 종류 | **all kinds of** 모든 종류의 | **one of a kind** 독특한
considerate 사려 깊은 | **generous** 관대한 | **understanding** 이해심 있는
sweet 상냥한 | **sympathetic** 동정심 있는 | **thoughtful** 사려 깊은

Dialogue

A: What do you look for in a friend?
B: I **prefer** people who are **considerate** and **understanding**.
A: That's my **kind** of person, too.
B: I think it's **important** to be **thoughtful**.

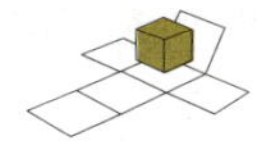

what for 왜, 무엇 때문에 | **place** 장소 | **fridge** 냉장고

A: 이게 뭐라고 가지고 있어?
B: 분명히 나중에 꼭 필요할 거야.
A: 이걸 보관할 장소는 있어?
B: 냉장고 뒤에 두는 것은 어떨까?

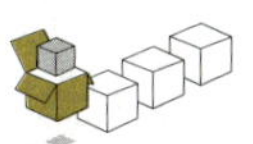

prefer ~을 더 좋아하다 | **important** 중요한

A: 어떤 친구를 찾니?
B: 나는 세심하고 이해심 많은 친구가 좋아.
A: 나도 그런 친구가 좋은데.
B: 사려 깊다는 건 중요한 것 같아.

SPEAKING TIP!

ful을 붙여 단어 만들기?

ful을 명사에 붙여 단어를 만들면 '~에 가득 찬 양'이라는 의미가 됩니다. '숟가락에 가득 차는 양'이라면 spoonful, '입안에 가득 찰 양'이라면 mouthful이 되겠죠.

Word 128

know 동 알다

연관 어휘

realize 깨닫다 | **be aware** 인식하다 | **can tell** 알 수 있다
get to know 알게 되다 | **know better** 더 잘 알다 | **Who knows?** 누가 알아?
not that I know of 내가 알기에는 그렇지 않다

Dialogue

A: Is there any place **nearby** to **get my hair cut**?

B: **Not that I know of**.

A: I really need to **get to know** this **neighborhood better**.

B: Yeah, you've already lived here six months!

Word 129

lack 명 부족 동 부족하다

연관 어휘

not enough 충분하지 않은 | **inadequate** 부적절한 | **insufficient** 불충분한
in shortage of 부족한

Dialogue

A: Why did you move to Seoul?

B: There were**n't enough** job **opportunities** in my **hometown**.

A: So for a **lack** of jobs?

B: Yes, and **inadequate salaries** for the ones that do **exist**.

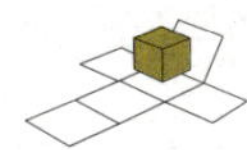

nearby 인근에, 근처에 | **get a hair cut** 이발하다
neighborhood 동네, 이웃

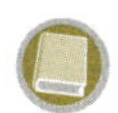
A: 나 머리 자를 곳이 근처에 있을까?
B: 내가 알기론 없는데.
A: 나 정말 이 동네를 좀 잘 알아둬야겠다.
B: 그래, 벌써 6개월이나 이 동네 살고 있잖아!

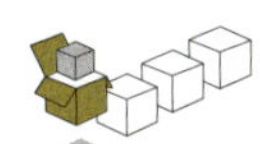

opportunity 기회 | **hometown** 고향 | **salary** 급여
exist (힘들게 근근이) 살아가다

A: 왜 서울로 이사 왔어?
B: 내 고향에는 일자리가 충분하지 않았거든.
A: 일자리가 없어?
B: 응, 있어도 생활하기에 월급이 충분하지가 않아.

SPEAKING TIP!

—hood

일반적으로 명사 뒤에 hood를 붙여 '성질, 상태, 계급, 신분'을 나타낼 수 있습니다. '아이'를 뜻하는 child에 hood를 붙여 childhood가 되면 '어린시절'이라는 의미이고, 집합적인 의미를 나타내기 위해 priest에 hood를 붙이면 '성직자 집단'이라는 뜻의 priesthood가 됩니다. 하지만 형용사에 붙는 경우도 있는데 false의 뒤에 hood를 붙여 falseshood가 되면 '거짓 틀린 생각'이라는 뜻입니다.

late 형 늦은 부 늦게

연관 어휘

not on time 시간을 어기고 | **miss** 놓치다 | **overdue** 늦은
What's keeping someone? ~가 뭣 때문에 늦지? | **lazybones** 게으름뱅이
behind the schedule 예정보다 늦은 | **dilly-dally attitude** 꾸물거리는 태도
Better late than never. 하지 않는 것보다 늦더라도 하는 것이 낫다.

Dialogue

A: **What's keeping Jay**? I thought he'd be here **by now.**

B: Jay? Oh you know him. He's **never on time**.

A: Well, he'**d better get** here soon or we're going to be **late** for the movie.

B: Why don't you give him a call?

law 명 법

연관 어휘

legal act 합법적 행위 | **legislation** 법률 제정 | **legal** 합법적인 | **illegal** 불법인
against the law 법에 위반되는 | **by law** 법에 의한 | **lawyer** 변호사

Dialogue

A: You know, parking on the **sidewalk** is **against the law**.

B: Yeah, but the police never ticket anyone.

A: It's not just **illegal**. It's really **dangerous** for **pedestrians**, too.

B: You're right.

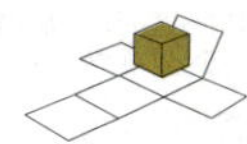

by now 지금쯤 이미 **| had better+동사** ～하는 편이 낫다

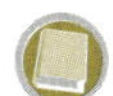
A: 제이가 왜 안 오는 거지? 지금쯤이면 왔어야 하는데.
B: 제이? 너도 알잖아. 그는 제시간에 오는 법이 없어.
A: 아, 빨리 오지 않으면 우리 영화에 늦을 텐데.
B: 전화라도 한 번 해보지그래?

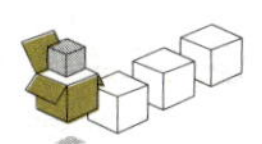

sidewalk 인도, 보도 **| dangerous** 위험한 **| pedestrian** 보행자

A: 인도에 차를 세우는 건 불법이라고요.
B: 네, 하지만 경찰이 딱지를 끊진 않잖아요.
A: 불법일 뿐만 아니라 보행자에게도 아주 위험하다고요.
B: 당신 말이 맞아요.

SPEAKING TIP!

had better와 would rather의 차이점?

[had better+동사원형]은 '～하는 게 좋다'라는 의미로 대개 충고를 할 때 쓰이는 표현입니다. 하지만 would rather는 '차라리 ～하겠다'라는 의미로 동사원형과 함께 가정법을 사용하기도 합니다.

Word 132

lazy
형 게으른

132-133

연관 어휘

sit around 빈둥빈둥 보내다 | **laze around** 게으름을 피우다
not lift a finger 손가락 하나 까딱하지 않다 | **can't be bothered** ~조차 하지 않다

Dialogue

A: Harry, what did you do all day? The house is a **mess**!

B: I guess I was **a bit lazy**.

A: Just a little bit? Why should I cook for you if you **can't lift a finger** around the house?

B: I don't know.

Word 133

learn
동 배우다

연관 어휘

study 공부하다 | **train** 교육하다 | **get the hang of something** ~을 할 줄 알게 되다
pick up 들어서 알게 되다 | **learn the hard way** 힘들게 배우다

Dialogue

A: How did you **learn** to speak English so well?

B: I don't know. I never **studied**. I just **picked** it **up** from **talking to** people.

A: You must be a **genius**.

B: Not really. Just **keep at it**. You'll **get the hang of it**.

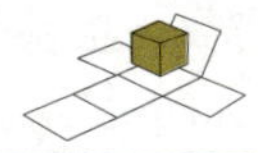

mess 엉망인 상태, 지저분한 상태 | **a bit** 조금, 다소, 약간

A: 해리, 오늘 하루 종일 뭐했어? 집이 아주 난장판이야!

B: 그냥 오늘 좀 빈둥거린 것 같은데.

A: 조금이라고? 너는 집에 있으면서 손가락 하나 까딱 안 하는데 내가 왜 요리를 해야 해?

B: 나도 모르지.

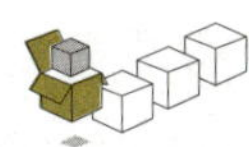

talk to ~와 이야기하다 | **genius** 천재 | **keep at it** 계속하다

A: 어떻게 그렇게 영어를 잘 하세요?

B: 모르겠어요. 전 공부를 한 적은 없어요. 그냥 사람들과 이야기하면서 배웠어요.

A: 당신 천재가 틀림없네요.

B: 그렇진 않아요. 그냥 잘 기억하는 거죠. 당신도 그렇게 될 거예요.

SPEAKING TIP!

의문사가 없는 간접의문문

의문사가 없는 의문문을 간접의문문의 형태로 만들기 위해 두 문장을 연결하는 접속사가 필요합니다. 이때 if나 whether를 사용하죠. if나 whether가 이끄는 절은 명사의 역할을 하는 명사절이 됩니다.

Word 134

leave

동 떠나다

연관 어휘

go 가다 | **walk out** 걸어서 나가다 | **slip out** 몰래 빠져나가다 | **take off** 떠나가다
set off 출발하다 | **I'm off** 난 간다 | **get going** 출발하기 시작하다
sneak off 몰래 빠져나가다

Dialogue

A: Well, **I'm off** to hit the road.
B: Where are you going?
A: My train **leaves** in an hour, so I need to **get going**.
B: Okay. Have a good trip! Don't forget my souvenir.

Word 135

less

형 더 적은

연관 어휘

in less than no time 즉시, 순식간에 | **not as much** ~정도는 아닌
fewer 보다 적은 | **less and less** 점점 더 적게

Dialogue

A: There are **fewer** and fewer places to smoke **indoors** now.
B: Good! **Second-hand smoke** is too dangerous.
A: **In less than no time** there won't be any **at all**!
B: That day can't come too soon.

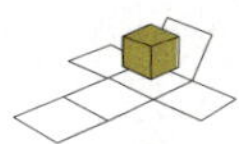

hit the road 여행하다 | **souvenir** 기념품

A: 자, 난 이제 여행 떠난다.
B: 어디 가는데?
A: 한 시간 후에 내 열차가 출발해. 가봐야 해.
B: 그래. 여행 잘 다녀와! 내 기념품 잊지 말고.

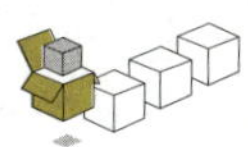

indoors 실내에서 | **second-hand smoke** 간접흡연 | **at all** 전혀

A: 요즘 실내흡연 공간이 점점 줄어들고 있어.
B: 좋네! 간접흡연도 너무 위험하다고.
A: 순식간에 흡연할 곳이 없어질걸!
B: 그날이 그렇게 빨리 오진 않을 거야.

 **SPEAKING TIP!**

by와 in

by와 in은 기한을 나타내는 전치사로 사용되기도 합니다. by가 기한을 나타낼 경우는 '~보다는 늦지 않게'라는 뜻으로 마감의 의미이고, in이 시간과 함께 사용되면 기한의 의미로 '~기간 중에'라는 뜻으로 사용됩니다.

Word 136

lift 동 들어 올리다

연관 어휘

pick up 집어 올리다 | **raise** 들어 올리다 | **Put your hand up.** 손을 드세요.

Dialogue

A: I need some help **lifting** this box. Who will help me?
Please **put your hands up**.

B: I will!

A: Thank you, Alan.

B: **You're welcome.**

Word 137

lip 명 입술

연관 어휘

Zip your lip. 말하지 마. | **my lips are sealed** 난 입이 무겁다
on everyone's lips 모든 사람들의 입에 오르내리는

Dialogue

A: I need you to keep it **secret**.

B: **My lips are sealed**.

A: If I hear a word…

B: I won't let it past my **lips**. I **promise**.

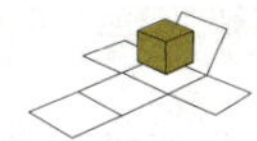

 **You're welcome.** 천만에요.

 **A:** 이 상자 옮기는 데 도움이 필요해. 누가 도와줄래? 손 좀 들어봐.
B: 저요!
A: 고마워, 앨런.
B: 별 말씀을요.

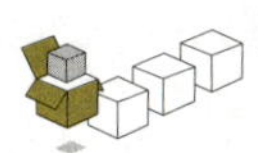

 **secret** 비밀 | **promise** 약속하다

 **A:** 비밀 지켜야 해.
B: 입 꼭 다물고 있을게.
A: 한 마디라도 했다간…
B: 절대 한 마디도 안 할게. 약속해.

 **SPEAKING TIP!**

no matter what은 '비록 무엇이'라는 뜻의 표현입니다. 이런 표현을 양보적으로 쓰였다고 하는데, no matter what he says~와 같이 양보적으로 쓰인 표현은 한 단어인 whatever로 바꾸어 쓸 수 있습니다. no matter what뿐만 아니라 no matter which, who, where… 등도 이와 같은 원리로 바꾸어 쓸 수 있습니다.

138-139

little   형 적은, 작은

연관 어휘

a drop 소량 | **not much** 많지않은 | **slightly** 약간 | **little more** 조금 더
as little as possible 가능한 한 적게 | **little by little** 조금씩

Dialogue

A: I need to **lose** a **little** more **weight**.

B: How much have you dropped **so far**?

A: About 20 kilos.

B: That's great! Keep at it. You know: **little by little**.

loose   형 느슨한, 풀린, 헐렁헐렁한

연관 어휘

baggy 헐렁한 | **stretch** 늘어나다 | **loose-fitting** (옷이) 넉넉한

Dialogue

A: I think I need a new shirt.

B: Why?

A: This one is too **loose**. The **washing machine stretched** it all out.

B: Oh, that's too bad.

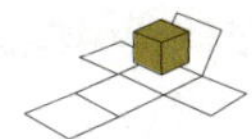

 **lose weight** 체중을 감량하다 | **so far** 이 시점까지

A: 난 살을 좀 더 빼야 하는데.
B: 지금까지 얼마나 뺐지?
A: 약 20kg.
B: 대단하다! 계속해. 그거 알지? 조금씩 조금씩.

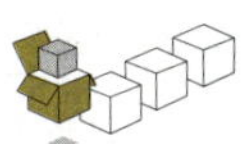

 **washing machine** 세탁기

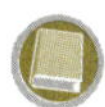
A: 나 셔츠 하나 새로 사야 할까 봐.
B: 왜?
A: 이건 너무 헐렁해. 세탁기가 다 늘려놨어.
B: 이런. 안됐다.

 ## SPEAKING TIP!

one의 용법

one은 숫자 1이라는 의미와 함께 대명사처럼 '하나의'라는 뜻을 강조하기 위해 사용합니다. 뿐만 아니라 '세상 사람들 누구나'라는 의미로 사용하기도 하고, 앞에 언급된 명사의 반복을 피하기 위해 '(같은 종류의) 그것'이라는 의미로도 사용됩니다.

Word 140

lose

동 잃다, 지다

연관 어휘

can't find 찾을 수 없다 | **missing** 사라진 | **loser** 패자
surrender 항복하다 | **disappear** 사라지다

Dialogue

A: Did you **lose** something?

B: My phone. I **can't find** it anywhere. I am so **forgetful** these days.

A: **Not a big deal**. Would you like me to call it?

B: Would you mind? Thank you.

Word 141

lot

명 많은 양

연관 어휘

a lot of 많은 | **many** 많은 | **plenty of** 풍부한 | **a large number of** 다수의
be full of 가득 찬 | **hundreds of** 수백의 | **thousands of** 수천의
a great deal of 다량의 | **very much** 아주 많이 | **tons of** 매우 많은

Dialogue

A: Wow. There sure are **a lot of** people here.

B: There have to be **thousands of** people in the restaurants **alone**.

A: I'll **bet** the **organizers** are making **tons of** money.

B: It was a great idea!

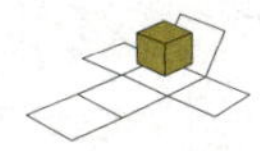

forgetful 건망증이 심한, 잘 잊는 | **Not a big deal.** 별일 아니야.

A: 너 뭐 잃어버렸어?

B: 내 전화기. 어디 있는지 모르겠어. 나 요즘 건망증이 너무 심해.

A: 별일도 아닌데 뭘. 내가 전화해볼까?

B: 그래 줄래? 고마워.

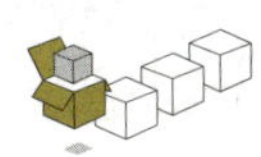

alone 단독으로, 혼자 | **bet** 틀림 없다(무엇에 대한 확신의 표현)
organizer 주최자, 조직자

A: 와. 여기 사람 많은가 보다.

B: 이 레스토랑에만도 수천 명은 있을 것 같은데.

A: 주최자 돈 정말 많이 벌겠다.

B: 아주 좋은 생각이었지!

SPEAKING TIP!

plenty of

'많은'이라는 의미로 plenty of를 사용합니다. plenty 하나로도 '많음, 풍부한 양'이라는 뜻이지만 '많은~'이라는 표현을 할 때는 plenty of로 사용합니다. 하지만 이것이 의문문이나 부정문에 사용되는 경우에는 enough로 대체됩니다.

make   동 만들다, ~을 하다

연관 어휘

generate 생성하다 | **create** 창조하다 | **develop** 개발하다 | **produce** 생산하다

Dialogue

A: What does your **company** **make**?

B: We **develop** software for **mid-size enterprises**.

A: How many people are on **staff**?

B: About fifty.

manage   동 취급하다, 관리하다

연관 어휘

handle 처리하다 | **deal with** ~을 다루다 | **take charge of** ~의 책임을 맡다
be in charge 담당하다

Dialogue

A: How do you **manage** to work in all this **noise**?

B: WHAT?

A: HOW CAN YOU **HANDLE** ALL THIS NOISE?

B: **EARPLUGS**!

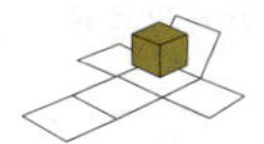

 **company** 회사 | **mid-size enterprises** 중소기업 | **staff** 직원

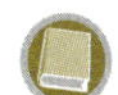 A: 당신 회사는 어떤 것을 만들죠?
B: 중소기업을 위한 소프트웨어를 만들고 있습니다.
A: 직원이 몇 명인가요?
B: 50명 정도 됩니다.

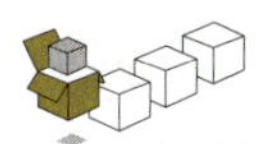

 **noise** 소음, 잡음 | **earplugs** 귀마개

 A: 이렇게 시끄러운데 어떻게 일을 해?
B: 뭐라고?
A: 이렇게 시끄러운데 어떻게 일을 하냐고!
B: 귀마개!

 **SPEAKING TIP!**

make

make는 '~을 만들다'라는 뜻으로 쓰이면 뒤에 목적어만 사용해 문장을 완성할 수 있지만 '~에게 ~하도록 시키다'라는 의미가 되면 사역동사로 목적어 뒤에 목적보어를 사용해야 문장을 완성할 수 있습니다. 이 경우 목적보어 자리에 올 수 있는 것은 명사, 형용사, 동사원형 혹은 과거분사가 되는데 과거분사가 목적보어로 오는 경우는 수동의 의미를 나타냅니다.

Word 144

matter
명 문제　동 중요하다, 문제가 되다

144-145

연관 어휘

no matter how much 아무리 ~해도 | **no laughing matter** 웃을 일이 아닌 문제
important 중요한 | **it doesn't matter** 중요하지 않다

Dialogue

A: What's the **matter**?

B: I don't want to talk about it.

A: **It doesn't matter** what it is. I can **handle** it.

B: Yeah, but I **still** don't want to talk about it.

Word 145

mean
동 의미하다　형 나쁜, 심술궂은

연관 어휘

stand for ~을 나타내다 | **in other words** 바꾸어 말하면 | **implication** 함축
cruel 잔혹한 | **I mean it.** 진심으로 하는 말이야.

Dialogue

A: What does LOL **mean**?

B: It **stands for** "laughing out loud" or "lots of love."

A: Thanks. I can't **understand** kids these days.

B: Me **neither**.

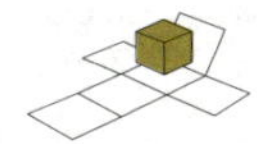

 **handle** (사람, 감정, 상황 등을) 처리하다, 다루다 | **still** 아직도, 그럼에도

 A: 무슨 일이야?

B: 말하고 싶지 않아.

A: 무슨 일이든 상관 없어. 내가 할 수 있어.

B: 그래, 하지만 난 그래도 말하고 싶지 않아.

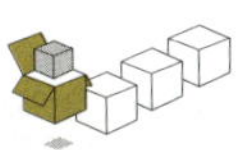

 **understand** 이해하다 | **neither** 어느 것도 ~아니다

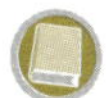 A: LOL이 무슨 뜻이야?

B: '소리 내서 웃는다'라는 뜻이거나 '내 사랑을'이라는 뜻이지.

A: 고마워. 요즘 애들이 하는 말을 알아 들을 수가 없어.

B: 나도 그래.

 **SPEAKING TIP!**

stand up for와 stand someone up

동사가 전치사나 부사와 함께 하나의 단어처럼 쓰이는 경우, 2어동사라고 합니다. 이런 2어동사는 그 동사와 전치사를 분리해서 사용할 수 없습니다. stand up for someone은 '~를 변호하다'라는 뜻으로 사용하지만 stand someone up과 같이 분리해서 쓰면 '~를 바람맞히다'가 됩니다.

mind 명 마음

연관 어휘

brain 뇌 | **mental** 정신의 | **heart** 마음 | **speak one's mind** 생각을 털어놓다
take a load off one's mind 마음의 짐을 덜다

Dialogue

A: Phew. Thanks for listening. That really **takes a load off my mind**.
B: Anytime.
A: I'm so happy I have a friend to **share** my **heart** with.
B: I love you, too.

mistake 명 실수

연관 어휘

error 실수 | **fault** 결점 | **get something wrong** 오해하다
my bad 내 잘못이야 | **wrong footed** 당황하다 | **drop the ball** 실패(실수)하다
wrong idea 그릇된 생각 | **goof up** 실수를 저지르다

Dialogue

A: I think there's a **mistake** here.
B: Did I **goof** it **up**?
A: I think the last **sentence** is wrong.
B: Oh, you're **right**. **My bad**.

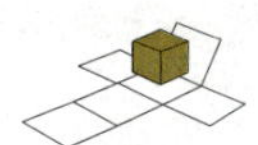

 **share** 공유하다, 나누다

 **A:** 휴. 얘기 들어줘서 고마워. 이제 나 마음의 짐을 좀 던 것 같아.
B: 언제든 말해.
A: 내 감정을 이야기할 수 있는 친구가 있어서 정말 행복하다.
B: 나도 사랑한다, 친구야.

 **sentence** 문장 | **right** 옳은, 맞는

 **A:** 저기 실수가 있는 것 같은데요.
B: 제가 뭘 잘못했나요?
A: 이 마지막 문장이 잘못된 것 같아요.
B: 아, 당신이 맞네요. 제가 잘못했어요.

 **SPEAKING TIP!**

turn on이나 turn off같은 동사와 전치사로 이루어진 동사를 2어동사, 혹은 구동사라고 부릅니다. 이런 동사들은 목적어의 위치를 전치사 다음에 둘 수도 있고 동사와 전치사 사이에 둘 수도 있습니다. 하지만 목적어가 대명사인 경우에는 항상 동사와 전치사 사이에 두어야 합니다.

more   형 더 많은

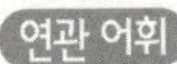

연관 어휘

another 또 하나의 | **extra** 추가의 | **additional** 부가적인 | **further** 더 멀리
above ~보다 위에 | **over** ~위에 | **higher** 더 높이 | **greater** 더 큰

Dialogue

A: I'd like to **change into another** class. I need something **more difficult**.

B: Well, there's another level **above** yours with a space **available**.

A: Great. What room does it meet in?

B: 345.

must   조 ~해야 한다

연관 어휘

have to ~해야 한다 | **have got to** ~하지 않으면 안 된다
need to ~할 필요가 있다 | **not an option** 선택할 수 있는 게 아니다(무조건 해야 하는 것)
have no choice ~하지 않을 수 없다 | **have no alternative** ~하는 수 밖에 없다

Dialogue

A: I **must find a way** to **finish** this before tomorrow.

B: I think you **need to spend** less time on Kakao Talk.

A: You're right. I**'ve got to turn off** my phone.

B: Good call. That's the only way you're going to get anything done.

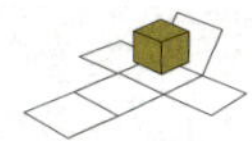

change into ~로 바꾸다 | **difficult** 어려운 | **available** 이용 가능한

A: 다른 반으로 옮기고 싶어요. 저는 좀 더 어려운 게 필요해요.
B: 음, 한 단계 높은 반에 자리가 하나 있어요.
A: 잘 됐네요. 강의실이 어디죠?
B: 345호예요.

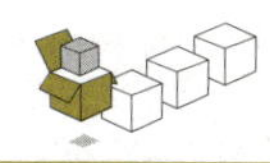

find a way 방법을 찾다 | **finish** 끝내다 | **spend** (시간을) 보내다
turn off (전자기기를) 끄다

A: 내일 전까지는 이것을 끝낼 방법을 반드시 찾아야 해.
B: 넌 카카오톡을 좀 그만 해야 될 것 같은데.
A: 네 말이 맞아. 전화기를 좀 꺼야겠어.
B: 좋은 생각이야. 그게 네가 뭐든 할 수 있는 유일한 방법인 것 같아.

 **SPEAKING TIP!**

형용사의 위치

명사를 꾸며주는 형용사는 명사 앞에 위치합니다. '귀여운 소녀'라고 말할 때 pretty girl이라고 하는 것이 그 예입니다. 하지만 thing으로 끝나는 something, nothing의 경우 형용사가 뒤에서 명사를 꾸며줍니다. 예를 들어 '특별한 무언가'라고 할 때, something special이라고 말합니다.

myself

대 나 자신

연관 어휘

ego 자아 | **feel myself** 여전히 건강하다 | **in person** 본인 자신이
first-hand 직접적으로

Dialogue

A: I would love to meet Brad Pitt **in person**, but I don't think I can do it **myself**.

B: Are you a **member** of his fan club?

A: Not yet. I guess I could try starting there.

B: I heard from someone **first-hand** that they met him that way.

natural

형 자연 그대로의, 자연의

연관 어휘

organic 유기적인 | **pure** 순수한 | **not artificial** 인위적이 아닌 | **born** 타고난

Dialogue

A: There's a new **natural** food store **downtown**.

B: Really? Thanks for letting me know.

A: No problem. I know you prefer to eat **organic**.

B: Yeah, I'm **worried** about what **pesticides** do to our bodies.

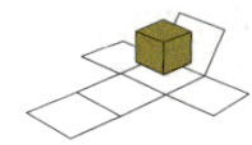

 **member** 회원, 구성원

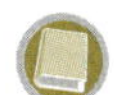
A: 브래드 피트를 직접 만나봤으면 좋겠어. 하지만 나 혼자는 못할 것 같아.

B: 그의 팬클럽이라도 들었어?

A: 아직 안 들었어. 아마 거기부터 시작해야겠지?

B: 그렇게 해서 직접 만나봤다는 사람을 봤어.

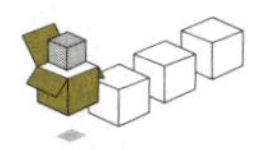

 **downtown** 시내 | **worried** 걱정하는, 우려하는 | **pesticides** 농약

A: 자연주의 음식점이 시내에 새로 생겼어.

B: 정말? 알려줘서 고마워.

A: 문제 없지! 네가 유기농 먹는 걸 좋아하는 걸 아니까.

B: 맞아, 나는 농약이 우리 몸에 어떤 영향을 미치는지 걱정되더라.

 *SPEAKING TIP!*

항상 수동태를 쓰는 표현

우리의 탄생을 우리가 정하지 못하듯 '태어나다'라는 표현인 be born은 항상 수동태를 사용합니다. '부자로 태어난', '가난하게 태어난', '시인으로 태어난'의 형태로 나타내고 싶다면 be born rich, be born poor, be born a poet으로 쓰면 됩니다.

Word 152

near [부] 가까이, 근접하여

연관 어휘

similar 유사한 | **adjacent** 근접한 | **close** 가까운 | **not far** 멀지 않은
neighboring 인접한 | **within walking distance** 걸어서 갈 수 있는 거리에

Dialogue

A: Are there any good places to eat **near** here?
B: There are a couple of shops **within walking distance**.
A: Where at?
B: **Not far** from the **cathedral**.

Word 153

never [부] 절대 ~아니다

연관 어휘

not in a million years 절대로 안 돼 | **never ever** 결코 ~않다
not only ~뿐만 아니라 | **not on your life** 어림도 없다

Dialogue

A: Let's go on the **roller coaster** next.
B: **No way**. **Not on your life**. **Not in a million years**.
A: I'll bet you've **never** even been on one.
B: **Nope**. And I'm not starting today.

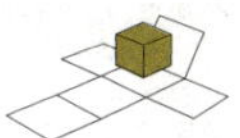

 **cathedral** 대성당

 A: 이 근처에 식사하기 좋은 곳 있나요?
B: 걸어서 갈 수 있는 거리에 몇 군데 있어요.
A: 어디에 있나요?
B: 성당에서 멀지 않아요.

 **roller coaster** 롤러코스터 | **No way.** 안 돼 | **Nope(= no)** 아니

 A: 다음 번엔 롤러코스터를 타보자.
B: 안 돼. 절대 안 돼. 그런 일은 절대 없어.
A: 너 한번도 타본 적 없구나.
B: 없어. 오늘도 타지 않을 거고.

 **SPEAKING TIP!**

far from은 '멀다'라는 뜻?

'~로부터 멀리 떨어진'이라는 뜻으로 far from을 사용합니다. 하지만 '거리가 멀리 떨어진'이라는 의미 이외에도 '전혀 ~않다'라는 의미로도 far from을 사용합니다. 따라서 He is far from sad.는 '그는 전혀 슬프지 않다.'로 해석해야 올바른 해석입니다.

new [형] 새로운

연관 어휘

latest 최근의 | **fresh** 신선한 | **original** 참신한 | **brand-new** 아주 새로운, 신품의
just released 막 나오다 | **newly found** 최근에 발견된

Dialogue

A: *The Roots* **just released** their **new** album last week.
B: Oh? How does their latest one **measure up to** their others?
A: Well, I downloaded it last night and it's really good.
B: Do you **mind** if I take a listen?

notice [명] 주의, 주목 [동] 알아차리다, 인지하다

연관 어휘

spot 알아맞히다 | **be aware of** ~을 알다 | **don't miss much** 많이 놓치지 않다
catch somebody's eye ~의 눈에 띄다

Dialogue

A: I **noticed** there's a sale on at the department store this week.
B: Oh really? I **wasn't aware of** it.
A: There's 40% off their winter lines and up to 60% on
housewares!
B: You **don't miss much**, do you?

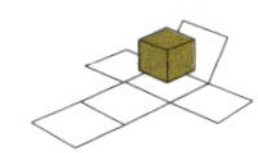

measure up to 기대에 부합하다 | **mind** 꺼려하다

A: The Roots가 지난 주에 새 앨범을 출시했던데?
B: 그래? 최근 앨범은 다른 것에 비해 어떤데?
A: 음, 어젯밤에 다운 받았는데 정말 좋더라.
B: 내가 들어봐도 될까?

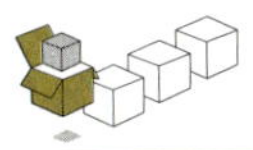

houseware 가정(주방)용품

A: 이번 주에 백화점에서 세일을 한다던데.
B: 정말? 난 몰랐었는데.
A: 겨울 상품이 40% 세일이고 가정용품은 60%까지 세일해준대.
B: 기회를 많이 놓친 건 아니지?

SPEAKING TIP!

부가의문문

평서문 뒤에 짧은 말을 덧붙여 상대방의 동의를 구할 때나 확인할 때 사용되는 의문문을 부가의문문이라고 합니다. 앞 문장이 긍정이면 부정으로 묻고, 부정인 경우는 긍정으로 묻습니다.

영어 말하기 필수 영단어

Speaking VOCA

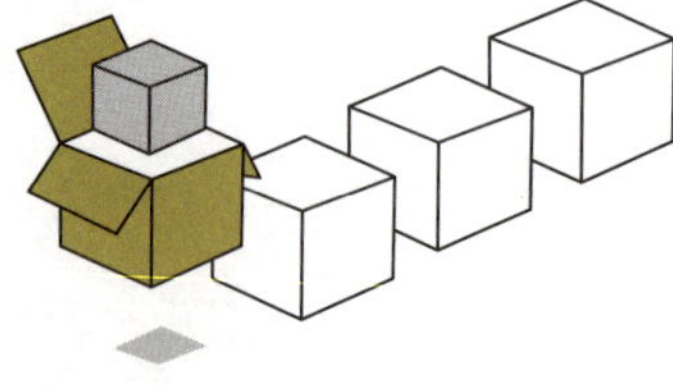

영어 말하기 필수 영단어

Chapter 05

O ~ R

obey · objective · obligation
occasion · often · opinion
opposite · organize · own

pain · pass · pay · permission
persuade · place · plan · polite
practice · praise · prepare · pretend
protect · proud · prove · pure

realize · reason · recently · refuse
relax · remain · remind · remove
repair · rest · reveal · reverse
reward · ridiculous · risk · role
rude · ruin · rush

obey　[동] 복종하다

연관 어휘

do as you are told 들은 대로 해라 | **comply with** ~에 응하다
Your wish is my command. 당신이 원하는 대로 다 해드리죠

Dialogue

A: He **was demoted** for failing to **obey** a **superior officer**.

B: Oh, that was **dumb**. I thought the whole idea of the military was "**do as you're told**."

A: You'd think so, but not if the order is **illegal**. So he's **appealing**.

B: What did they order him to do?

objective　[명] 목적, 목표

연관 어휘

goal 목표 | **key objective** 핵심 목표 | **achieve an objective** 목적을 이루다

Dialogue

A: Our **objective** over the next year is to reach 30% market share.

B: What are our **intermediate goals**?

A: 5% in the first quarter, 12% in the second, 20% by the third, and 30% by the end of the year.

B: I think that's **quite possible**. We already have a **dedicated customer** base.

be demoted 계급이 강등당하다 | **superior officer** 상관
dumb 멍청한 | **illegal** 불법적인 | **appealing** 항소하다

A: 그는 상관의 지시를 따르지 않았다고 해서 강등당했어.
B: 멍청하네. 군대는 '시키는 대로 해라'가 전부라고.
A: 맞아. 하지만 명령이 불법적인 것이라고 그가 항소했대.
B: 무슨 일을 시켰는데 그래?

intermediate 중간의 | **quite** 꽤, 상당히 | **possible** 가능한
dedicated 헌신적인 | **customer** 고객, 손님

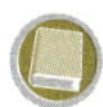
A: 우리의 목표는 내년까지 시장점유율을 30%까지 달성하는 것입니다.
B: 중간 목표는 무엇이죠?
A: 1분기에 5% 상승, 2분기에 12% 상승, 3분기에 20%, 연말까지 30% 달성입니다.
B: 달성할 수 있을 것 같군요. 이미 충실한 고객층을 확보하고 있으니까요.

SPEAKING TIP!

[be+과거분사+by 행위자]의 형태를 수동태라고 합니다. 하지만 행위자 앞에 붙는 전치사는 by 이외에도 여러 가지가 올 수 있습니다. 관용적으로 수동태로 쓰이며 다른 전치사를 사용하는 관용표현은 잘 기억해 두어야 합니다. be demoted for '~로 강등당하다', be known to '~에게 알려져 있다', be interested in '~에 흥미가 있다', be covered with '~로 덮여 있다' 등이 그 예입니다.

Word 158

obligation
명 의무

연관 어휘

responsibility 책임 | **assignment** 할당된 일

Dialogue

A: **Unfortunately**, my **obligations** for grad school are going to keep me in this weekend.
B: That's too bad.
A: Yeah, **responsibility sucks** sometimes.
B: Sure does.

Word 159

occasion
명 특별한 때, 경우

연관 어휘

on occasion 때가 있을 때 | **mark an occasion** 특별한 때를 기념하다
special occasion 특별한 경우 | **a sense of occasion** 특별한 때에 따른 느낌

Dialogue

A: What's the **occasion**?
B: Jeremy's **graduating**.
A: Oh, give him my **congratulations**!
B: I **certainly** will. Please help us **mark the occasion** by coming.

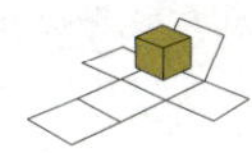

 **unfortunately** 불행하게도 | **suck** 형편없다, 엉망이다

 **A:** 불행하게도, 대학원 때문에 꼭 할 일이 있어서 이번 주말 내내 잡혀있을 것 같아요.
B: 안됐네요.
A: 네, 책임감이라는 게 가끔은 나쁘죠.
B: 정말 그래요.

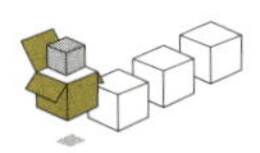

 **graduate** 졸업하다 | **congratulation** 축하 | **certainly** 분명히, 틀림없이

 **A:** 무슨 일이야?
B: 제레미가 졸업을 해요.
A: 오, 축하한다고 전해주세요!
B: 그럴게요. 와서 함께 기념해주세요.

 **SPEAKING TIP!**

I'm telling you!

tell은 '말하다'라는 의미의 동사입니다. 하지만 구어 표현으로 I'm telling you.를 붙여 말하는 경우 '내가 지금 너에게 말하고 있다.'가 아니라 강조의 표현으로 '내 말을 잘 들어봐.', '정말이야.'라는 뜻의 강조적인 표현으로 쓰입니다.

Word 160

often [부] 자주, 빈번히

연관 어휘

frequently 빈번히 | **repeatedly** 되풀이해서 | **again and again** 반복해서
time and time again 되풀이하여 | **all the time** 항상 | **too often** 너무 자주

Dialogue

A: I don't go out for coffee very **often**, but I do enjoy it **from time to time**.

B: I go out **all the time**.

A: I wish I could go more **frequently**, but it's just too **expensive**.

B: Well, it's **usually** business for me.

Word 161

opinion [명] 견해, 의견

연관 어휘

it seems to me 아마~일 것이다 | **to be honest** 솔직히 말해서
personally 개인적으로 | **what do you think of** ~은 어때요? | **view** 견해
attitude 사고방식 | **pros and cons** 찬반 | **point of view** 관점

Dialogue

A: So, what's your **opinion**?

B: Well, **it seems to me** like you might have a problem with your **exhaust system**.

A: Hm. What do you think I should do about it?

B: **If I were you**, I'd take it in to the shop.

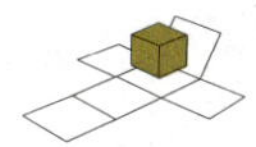

from time to time 가끔 | **expensive** 비싼 | **usually** 보통, 대게

A: 나는 커피를 마시러 자주 나가지는 않지만 가끔은 즐겨 마셔.
B: 난 항상 마시러 나가는데.
A: 나도 자주 마시러 나가고 싶지만, 너무 비싸잖아.
B: 음, 나에게는 그게 일이거든.

exhaust system 배기장치 | **if I were you** 내가 만약 너라면

A: 당신의 의견은 어떤가요?
B: 음, 배기장치에 무슨 문제가 있는 것처럼 보이네요.
A: 흠. 제가 어떻게 해야 할 것 같아요?
B: 제가 당신이라면 수리점에 가져갈 것 같아요.

✎ SPEAKING TIP!

always, often, sometimes 등과 같이 횟수나 빈도를 나타내는 부사를 빈도부사라고 합니다. 빈도부사는 문장 내 위치가 정해져 있어서 be동사, 조동사 다음, 일반동사 앞에 옵니다. She often goes swimming. '그녀는 자주 수영하러 간다.'가 그 예입니다.

opposite

형 반대쪽의, 맞은편의   명 반대되는 것, 반대파

연관 어휘

the other-way around 반대로 | **across** 맞은편에
on the other side 반대편의

Dialogue

A: The **post office**? You should be going in the **opposite direction**.

B: Thanks. How do I get there?

A: Well, head that way and take a right at the Catholic church.
You'll find it **across** from the MacDonald's.

B: That's great. Thanks so much!

organize

동 조직하다, 정리하다

연관 어휘

make arrangement 준비하다 | **set up** 준비하다. 설립하다
fix up 조직하다 | **arrange** 정돈하다

Dialogue

A: I'm going to need your help **organizing** the Christmas
potluck.

B: What do you need me to do?

A: I'll need you to **make arrangements** to **rent** a couple
hot water heaters.

B: No problem. Do you need me there to **set up** tables **as
well**?

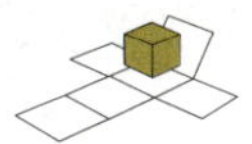

post office 우체국 **|** **direction** 방향

A: 우체국이요? 반대쪽으로 가셔야 하는데요.

B: 감사합니다. 어떻게 가야 할까요?

A: 음, 저쪽으로 돌아가셔서 성당이 보이면 우회전하세요.
맥도널드 반대편에 있어요.

B: 잘됐군요. 대단히 감사합니다!

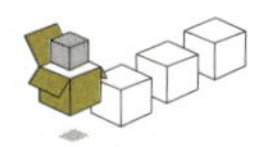

potluck 포트럭 파티(각자 음식을 가져와서 즐기는 파티) **|** **rent** 빌리다
as well ∼뿐만 아니라

A: 크리스마스 포트럭 파티를 개최하려고 하는데 네 도움이 필요해.

B: 어떻게 도와주면 되는데?

A: 그럼 물 끓이는 온수기 좀 몇 개 빌려다 줄래?

B: 그래. 식탁 차리는 것도 좀 도와줄까?

SPEAKING TIP!

ought to

'∼해야 한다'라는 의미로 사용되는 많은 조동사 중 ought to는 도덕적인 의무에 대해 말할 때
사용합니다. 일반적으로 조동사 다음에는 동사원형이 오는 것으로 생각하지만 ought 다음에는
to부정사가 사용된다는 것을 명심하세요.

own

동 소유하다

연관 어휘

have got 소유하다 | **belong to** ~에 속하다 | **possess** 소유하다
my own 나 자신의

Dialogue

A: Do you **own** this **bicycle**? It's hot!

B: **I wish**! That one **belongs to** Avery.

A: Wow. If it were mine I wouldn't let it out of my **sight**!

B: It's really something, isn't it?

pain

명 고통

연관 어휘

hurt 상처 | **painful** 고통스러운 | **ache** 통증 | **sore** 아픈
sting 찌르는 듯한 아픔 | **stiff** 결리는 | **a sharp pain** 격심한 통증
painkiller 진통제 | **relieve pain** 고통을 덜다 | **pain in the neck** 골칫거리

Dialogue

A: What kind of **pain** is it?

B: It's **a sharp pain** kind of under my **ribs**.

A: Let's get you to the doctor. That doesn't sound good.

B: I just hope it's not **appendicitis**.

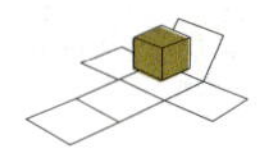

bicycle 자전거 | **I wish!** 그렇기만 하다면 (얼마나 좋을까!) | **sight** 시야

A: 이 자전거 네 거야? 멋진데!

B: 나도 그랬으면 좋겠다! 에이버리의 자전거야.

A: 와. 내 거였다면 절대 내 눈앞에서 사라지지 않게 할 텐데.

B: 이거 진짜 대단하지 않냐?

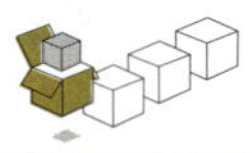

rib 갈비, 늑골 | **appendicitis** 맹장염

A: 어떻게 아프니?

B: 갈비뼈 부분이 굉장히 많이 아파요.

A: 병원에 가보자. 좋아 보이진 않은데.

B: 맹장염만 아니었으면 좋겠는데요.

SPEAKING TIP!

kind of 다음 단수명사 or 복수명사?

kind of는 뒤에 단수, 복수명사가 모두 올 수 있습니다. 하지만 뒤에 복수명사가 올 때는 앞의 kind도 kinds로 바꾸어서 these kinds of apples처럼 쓰는 것이 일반적입니다.

Word 166

pass 〔동〕 지나가다, 지나치다

연관 어휘

scrape by 간신히 합격(성공)하다 | **go by** 곁을 지나쳐 가다

Dialogue

A: Did you **pass**?

B: **Chemistry**? I just **scraped by**.

A: That **was close**.

B: Yeah, I might take it again and try for a better **grade**.

Word 167

pay 〔동〕 지불하다 〔명〕 임금

연관 어휘

treat 대접하다 | **bill** 청구서 | **check** 계산서 | **split the bill** 각자 부담하다
invoice 송장 | **go Dutch** 비용을 각자 부담하다 | **pick up the tab** 음식값을 내다

Dialogue

A: My **treat**!

B: **No way**. I **was going to** **pick up the tab** this time. You **paid** last time.

A: Well, then let's **go Dutch**.

B: Absolutely not. This one's on me.

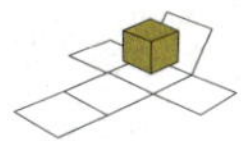

chemistry 화학, 화학반응 | **be close** ～에 근접하다(아슬아슬하다)
grade 성적, 학점

A: 붙었어?

B: 화학시험이요? 간신히 붙었어요.

A: 큰일 날 뻔 했구나.

B: 네. 더 좋은 학점을 받으려고 재시험을 볼 수도 있어요.

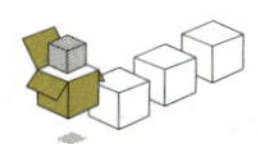

no way 절대로 아니다, 싫다 | **be going to** ～할 것이다

A: 내가 낼게!

B: 안 돼. 이번엔 내가 계산하려고 했는데. 지난번에 네가 냈잖아.

A: 흠, 그럼 이번엔 각자 계산하자.

B: 안 돼. 이번엔 내가 낼 거야.

SPEAKING TIP!

not at all

not at all은 부정문에서 '조금도 ～이 아니다' 혹은 '전혀 ～하지 않다'라는 의미로 사용합니다.
not at all이 '결코 ～하지 않다'라는 의미로 사용되는 경우 never와 바꾸어 쓸 수 있습니다.

permission　명　허가, 허락

168-169

연관 어휘

Can I ~해도 될까요 | **May I** ~해도 될까요
Would it be alright if+주어+동사? ~가~해도 괜찮을까요?

Dialogue

A: **Can I** go out with the girls this Friday?

B: Babe, you know you don't need my **permission**.

A: Well, I just wanted to **make sure** it would be alright with you.

B: Certainly. What time do you think you'll **be back**?

persuade　동　설득하다

연관 어휘

convince 납득시키다 | **encourage** 격려하다 | **influence** 영향을 주다
talk somebody into something ~을~하도록/하지 않도록 설득하다
talk someone out of something ~를 설득하여 ~을 단념하게 하다

Dialogue

A: I don't know if he can be **convinced**.

B: Well, I need you to try and **persuade** him. It's kind of **important**.

A: I'll see what I can do. He's not easy to **influence**.

B: I know. I **appreciate** your **trying**.

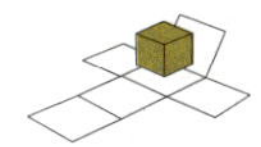

 **make sure** 확실하게 하다 | **be back** 돌아오다

 A: 그 사람들과 금요일에 놀아도 될까?
B: 자기, 내 허락 같은 건 필요 없다는 걸 알잖아.
A: 음, 난 단지 당신이 괜찮은지 확인하고 싶었어.
B: 물론 괜찮아. 언제 돌아올 거 같아?

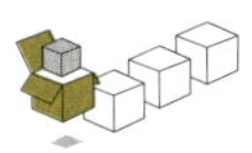

 **important** 중요한 | **appreciate** 고마워하다 | **trying** 시도

 A: 그가 납득할지 잘 모르겠어.
B: 글쎄, 네가 그를 설득했으면 좋겠어. 중요한 일이잖아.
A: 내가 뭘 할 수 있을지 볼게. 그는 영향을 잘 안 받거든.
B: 알아. 하지만 그렇게라도 해봐 줘.

 **SPEAKING TIP!**

if는 '만약 ~라면'이라는 부사절을 이끌기도 하지만 '~인지 아닌지'라는 의미로 해석되며 명사절을 이끌기도 합니다. 문장의 앞뒤 해석에 따라 if의 용법을 구분할 수도 있지만, if절 다음 will이 쓰였다면 이는 명사절로 쓰였음을 의미합니다. 시간이나 조건을 나타내는 부사절은 현재시제로 미래의 의미를 나타내기 때문에 will을 쓸 수 없기 때문입니다.

place 명 장소   동 배치하다

연관 어휘

position 위치 | **spot** 지위 | **location** 위치 | **site** 장소 | **point** 지점
take someone's place ~를 대신하다 | **place an order** 주문하다

Dialogue

A: Have you found a **spot** for the new **franchise**?
B: I'm still **deciding between** a couple of **places**.
A: What **locations** are you **looking at**?
B: There's one near the market, one in the mall, and another by the university.

plan 동 계획하다   명 계획

연관 어휘

strategy 전략 | **plot** 구성 | **timetable** 시간표 | **schedule** 일정

Dialogue

A: How do you **plan** to get all this work done? You have a **pretty tight schedule**.
B: I'm working on a **strategy**.
A: I hope you can **manage** it!
B: So do I.

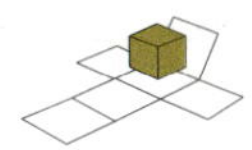

 **franchise** 가맹점 | **decide** 결정하다 | **between** ～간에, ～사이에
look at 검토하다, 살피다

 **A:** 새 지점 낼 자리 찾았어?

B: 몇 군데 가운데 아직 고민 중이야.

A: 어느 쪽을 알아보고 있는데?

B: 시장 근처 한 곳, 쇼핑몰 한 곳, 그리고 대학 근처 한 곳이야.

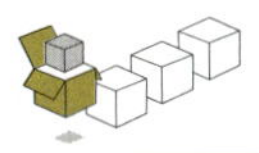

 **pretty** 매우, 꽤 | **tight** 빡빡한, 꽉 찬 | **manage** (힘든 일을) 간신히 해내다

 **A:** 이 일을 다 어떻게 끝내려는 계획이야? 일정이 굉장히 빡빡하잖아.

B: 전략적으로 하고 있지.

A: 잘 해내길 바래!

B: 나도 그래.

 **SPEAKING TIP!**

between과 among의 차이는?

between과 among 모두 우리말로 해석하면 '～중에', '～사이에'라는 뜻입니다. between은 보통 둘 사이에 쓰고, among은 셋 이상 사이에 사용합니다. between은 복수형, 또는 둘을 연결하는 and가 있는 목적어가 따라오기 때문에 between A and B라고 묶어서 암기합니다.

Word 172

polite　[형]　예의 바른

연관 어휘

manners 예의범절 | **well-behaved** 예의 바른 | **how civilized** 아주 예의 바른

Dialogue

A: I must say, I'm **impressed** with how **well-behaved** your kids are.

B: We **take** being **polite** very **seriously** in our house.

A: I wish more **parents** were like you!

B: **Indeed**. **Society functions** better when we think of **others** first.

Word 173

practice　[동]　~을 행하다, 연습하다

연관 어휘

practice makes perfect 훈련이 완벽을 만든다
practice what you preach 언행을 일치시키다

Dialogue

A: What are you **practicing** for?

B: I have a **recital** next month.

A: **I see**. Best of luck!

B: **Practice makes perfect**!

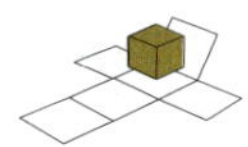

be impressed 감동하다, 감명받다 **|** **take seriously** ~을 진지하게 생각하다
parents 부모 **|** **Indeed** (긍정적인 진술·대답을 강조하여) 정말 **|** **society** 사회
function 기능하다, 작용하다 **|** **others** 타인

A: 자녀들이 정말 예의가 바르네요.
B: 예의 바르게 행동하는 게 중요하다고 가르치거든요.
A: 많은 부모들이 당신 같으면 좋겠군요!
B: 그렇죠. 다른 사람을 먼저 생각한다면 사회가 좀 더 잘 돌아갈 텐데요.

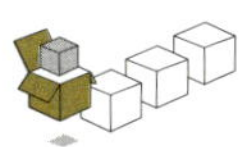

recital 발표회, 연주회, 공연 **|** **I see.** 그렇군요.

A: 무슨 연습을 하고 있어요?
B: 다음 달에 공연이 있거든요.
A: 그렇군요. 행운을 빌어요!
B: 연습을 하면 완벽해지니까요!

SPEAKING TIP!

접속사 like와 전치사 like

like는 '좋아하다'라는 동사의 뜻 이외에 '~같이, ~처럼'의 뜻인 전치사로 사용되기도 하고, '~하듯이, 흡사'의 뜻인 접속사로 사용되기도 합니다. 이 때 like 다음에 명사가 오면 전치사로, 뒤에 [주어+동사] 형태의 절이 오면 접속사로 사용된 것입니다.

praise 　동 칭찬하다　명 칭찬, 찬미

연관 어휘

congratulate 축하하다 | **compliment** 칭찬하다 | **flatter** 아첨하다
speak highly of someone ~를 높이 평가하다

Dialogue

A: I've heard many people **praising** Fran, but I'm not sure why.
B: She **rescued** three people from a fire last week.
A: Well, that's a good **reason** to **speak highly of her**.
B: Yeah, it's not just **empty flattery**.

prepare　동 준비하다

연관 어휘

get everything ready ~을 모두 준비하다 | **set up** 설정하다
ill-prepared 준비가 불충분한 | **ready** 준비가 된

Dialogue

A: Is everything **prepared** for the dinner on Saturday?
B: I think so. You're coming to help **set up**, right?
A: Yes. I'll be there at four.
B: Perfect. We should **be able to get everything ready** by six, then.

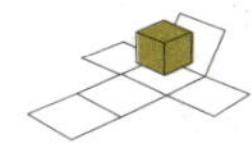

rescue 구조하다 | **reason** 이유 | **empty flattery** 공치사

A: 프랜을 많은 사람들이 칭찬한다고 하던데, 왜 그러는지 모르겠어요.

B: 그녀가 지난주에 발생한 화재에서 세 명을 구했대요.

A: 음, 그렇게 그녀를 높이 평가하는 이유가 있었군요.

B: 네, 그냥 아부하는 것만은 아니더라고요.

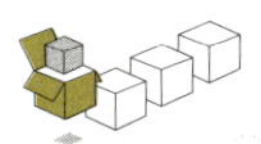

be able to ~을 할 수 있다

A: 토요일 저녁 준비는 다 되었나요?

B: 그런 것 같아요. 당신이 와서 도와줄 거죠, 그렇죠?

A: 그럼요. 4시까지 갈게요.

B: 좋아요. 그럼 6시까지는 모두 준비할 수 있을 거예요.

SPEAKING TIP!

by와 until

by와 until은 모두 '~까지'로 해석되지만 용법의 차이가 있습니다. You should finish this work by Sunday. '너는 이 일을 일요일까지 마쳐야 한다.'라고 하면 늦어도 월요일까지의 의미로 by 이하까지 동작이 완료되기만 하면 됩니다. 하지만 until은 동작이나 상태가 until 이하의 시점까지 쭉 이어져야 합니다. You should be here until 11. '너는 여기에 11시까지 있어야 한다.'라고 하면 '11시까지 계속'이라는 의미입니다.

Word 176

pretend 동 ~인 척하다

연관 어휘

put it on 가장하다 | **impersonate** 흉내를 내다 | **role-play** 역할 연기를 하다
insincere 불성실한 | **put on a show** ~하는 척하다

Dialogue

A: Why would she **pretend** to know what's going on? She very **clearly** doesn't.

B: I'm not sure. I don't think she **realizes** people think she's being **insincere**.

A: I think she just wants people to like her.

B: Well, that's not the way to do it.

Word 177

protect 동 보호하다

연관 어휘

shelter 피신처, 보호소 | **bodyguard** 보디가드 | **guard** 보호하다

Dialogue

A: Frank will be your **bodyguard**.

B: Nice to meet you, Frank.

A: His job is to **protect** you from **aggressive fans**.

B: Okay. I like to **get up close** with them, but I don't want to get hurt, **either**.

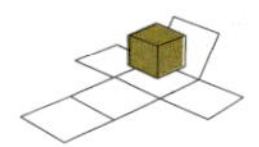

 **clearly** 명백하게 | **realize** 인식하다, 알아차리다

A: 왜 그녀는 모든 일을 다 아는 것처럼 행동하지? 분명히 다 알지도 못하면서.

B: 잘 모르겠어. 사람들이 그녀를 진실하지 못한 사람이라고 생각하는 걸 모르는 것 같아.

A: 그냥 다른 사람이 그녀를 좋아하길 원하는 것 같아.

B: 일이 다 그렇게 되는 건 아닌데 말이야.

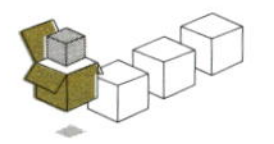

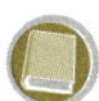 **aggressive** 공격적인 | **fan** 팬 | **get up close** 가까이 다가가다
either 각각 양쪽 모두

A: 프랭크가 당신의 보디가드가 되어줄 거예요.

B: 만나서 반가워요, 프랭크.

A: 그의 일은 공격적인 팬들로부터 당신을 보호하는 것입니다.

B: 알겠어요. 저는 팬들과 가까이 있길 좋아하지만 다치는 것도 원치 않아요.

 **SPEAKING TIP!**

pretend

pretend는 '~인 척하다'라는 뜻으로 쓰입니다. 이 동사는 뒤에 to부정사를 취하기도 하지만 that절을 목적어로 취할 수도 있습니다. that절을 목적어로 취할 때 that이 생략되기도 하니 주의하세요.

proud　[형] 자랑스러운

연관 어휘

vain 허영심이 강한 | **be pleased with oneself** 스스로 만족하다 | **pride** 자부심
snobbish 속물의 | **stuck-up** 거만한 | **big-headed** 자만심이 많은

Dialogue

A: Congratulations! You sure make your mom **proud**.
B: Thanks, mom. **I'm** pretty **pleased with myself**.
A: Don't be getting a **big head**, now.
B: Don't worry, mom. I've **got a good grip on reality**.

prove　[동] 증명하다

연관 어휘

show 보여주다(증명하다) | **demonstrate** 논증하다 | **confirm** 확증하다

Dialogue

A: I don't think our **findings** **confirm** our **hypothesis**.
B: It's certainly been difficult to **prove**.
A: We'll have to **publish** and try again.
B: **Back to the drawing board**!

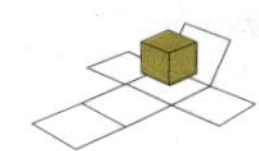

 **get a good grip on reality** 현실을 잘 파악하다

 A: 축하한다! 네가 아주 자랑스럽구나.

B: 감사해요, 엄마. 저도 참 기뻐요.

A: 너무 우쭐대지는 말고.

B: 걱정 마세요. 현실은 잘 알고 있어요.

 **findings** 조사, 연구 결과 | **hypothesis** 가설, 가정 | **publish** 발표, 공개 출판하다
back to the drawing board (이전의 계획 등이 실패한 후) 계획을 다시 잡다

 A: 우리의 연구 결과가 우리의 가설을 확증하지는 못하는 것 같아.

B: 증명해내기는 어렵겠어.

A: 이 일을 알리고 다시 한 번 해봐야겠어.

B: 그럼 원점으로 돌아가자!

 **SPEAKING TIP!**

be capable of와 be able to

be capable of와 be able to의 차이점은, 우선 be capable of 다음에는 동명사가 등장하고, be able to 다음에는 동사원형이 등장합니다. be capable of는 주체 고유의 능력이 있을 때 사용할 수 있고, be able to는 주어가 능력을 가지고 있는 주체적인 존재가 사용되어야 합니다.

pure
형 순수한

연관 어휘

neat 깔끔한 | **straight** 순수한 | **innocent** 순결한, 순진한

Dialogue

A: I'll take a vodka on the rocks.

B: You drink your vodka **straight**?

A: Yep. No **mixers**. I like it **pure**.

B: That will **put hair on your chest**.

realize
동 깨닫다, 인식하다

연관 어휘

sink in 이해되다 | **become aware** 알아차리다
occur to somebody ～에게 생각나다 | **dawn on somebody** ～이 깨닫게 되다

Dialogue

A: Charlize Theron played the **lead** in *Monster*?

B: Yeah. Let it **sink in** for a minute.

A: I never would have **realized**.

B: She looks pretty **different**, doesn't she?

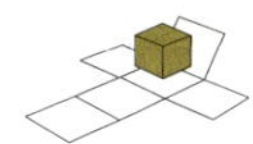

mixers 술에 타서 마시는 희석음료
put hair on one's chest 가슴에 털이 나다(남자답게 하다)

A: 저는 보드카 온더록스 한잔하겠어요.
B: 보드카만 드시겠다고요?
A: 네. 다른 것 넣지 말고요. 그냥 보드카만 주세요.
B: 그거 한 잔 하면 힘이 나겠네요.

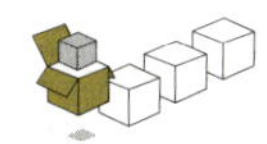

lead (연극, 영화 등의) 주인공 | **different** 다른, 차이가 나는

A: 샤를리즈 테론이 Monster에서 주인공이었어?
B: 그래. 생각 좀 해보자.
A: 난 몰랐었네.
B: 완전히 다른 사람 같은데, 안 그래?

SPEAKING TIP!

여러 개를 나열할 때

a very pure, innocent, young student '순수하고 순진한 어린 학생'에서 student 앞에 사용된 3개의 형용사는 모두 뒤에 나오는 학생의 성질을 나타내는 것입니다. 이렇게 '성질이나 특성'을 나타내는 경우에는 여러 개를 나열할 때 꼭 and를 사용하지 않고 comma(,)를 사용해 나열할 수 있습니다.

Word 182

reason 명 원인, 이유

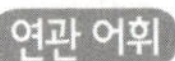

연관 어휘

explanation 설명 | **motive** 동기 | **excuse** 변명 | **cause** 원인
give a reason 이유를 대다 | **can't see any reason** 어떤 이유도 알 수 없다

Dialogue

A: Why haven't you cleaned your room?

B: I don't know. No **reason**, I **guess**.

A: You have no **excuse**?

B: **Not really**, no. I'm sorry. I don't have an **explanation**.

Word 183

recently 부 최근의

연관 어휘

just 방금 | **not long ago** 얼마 전에 | **a minute ago** 방금 전
a moment ago 조금 전 | **lately** 최근에 | **these days** 요즘에는,

Dialogue

A: **Long time no see**! What have you been up to **recently**?

B: Not much **lately**. You?

A: I've been putting in some **overtime** at work **these days**, but that's all.

B: How much longer will you need to do that?

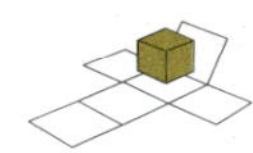

guess 추측하다, 생각하다 | **not really** 그다지 | **explanation** 해명, 설명

A: 왜 네 방을 안 치우니?
B: 몰라요. 이유가 없는 것 같은데요.
A: 변명도 안 하는 거니?
B: 별로요, 죄송해요. 설명할 게 없어요.

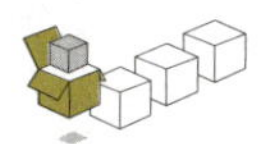

Long time no see. 오랜만이야. | **overtime** 초과근무, 잔업

A: 오랜만이다! 요즘 어떻게 지냈어?
B: 그저 그랬어. 너는?
A: 요즘 야근이 좀 많았지만 다른 건 똑같지 뭐.
B: 얼마나 더 그렇게 일해야 해?

SPEAKING TIP!

the reason why

관계대명사가 앞에 있는 선행사를 꾸미듯이 관계부사도 특정한 선행사와 함께 등장합니다.
why의 경우 the reason 등의 이유를 나타내는 선행사와 함께 쓰입니다.

refuse

동 거절하다

turn someone down ~을 거절하다 | **reject** 거부하다 | **resist** 저항하다

Dialogue

A: Mark **asked me out** on a date.

B: What did you say?

A: I had to **refuse**. My mom wouldn't like it.

B: You **turned him down**?

relax

동 ~을 늦추다, 완화하다

unwind 긴장이 풀리다 | **laid-back** 느긋한 | **take it easy** 서두르지 않다
kick back and relax 쉬다

Dialogue

A: I need to **unwind** on a nice **beach** with a **strong** cocktail.

B: Me too. Go **somewhere** where I can just **kick back and relax**.

A: Got plans for vacation?

B: Not yet, but I think I'm getting some ideas!

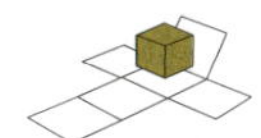

ask someone out ~에게 데이트를 신청하다

A: 마크가 내게 데이트를 신청했어.
B: 넌 뭐라고 했는데?
A: 거절했지. 우리 엄마가 별로 안 좋아해.
B: 그를 거절했다고?

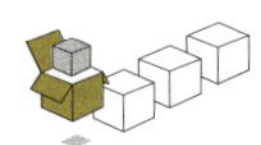

beach 해변 | **strong** 강한, 진한 | **somewhere** 어딘가에

A: 진한 칵테일 한 잔 마시면서 바닷가에서 쉬고 싶다.
B: 나도. 어디 좀 쉴 수 있는데 가자.
A: 휴가 계획 세웠어?
B: 아직, 하지만 몇 가지 아이디어가 있어!

SPEAKING TIP!

yet의 해석

yet은 일반적으로 현재완료와 함께 사용하는데, 긍정문, 부정문, 의문문에서 사용될 때 그 의미의 차이가 생깁니다. 부정문에서는 '아직 ~않다'로, 의문문에서는 '벌써'로 쓰입니다. 부정문이나 의문문에서 yet이 사용되는 곳이 긍정문일 경우 보통 already가 쓰입니다.

remain　ⓔ 남다, 머무르다

186-187

연관 어휘

stay 머무르다 | **be left over** 남겨지다 | **the rest** 나머지 | **leftovers** 남은 음식

Dialogue

A: How much **is left over**?

B: There are about three **slices** of cake and half the cherry pie **remaining**.

A: That's a lot of **leftovers**.

B: More for me!

remind　ⓔ 상기시키다

연관 어휘

Don't remind me. 상기시키지 마.
remind someone of something ~에게 ~을 상기시키다

Dialogue

A: Are you still working this weekend?

B: **Don't remind me**.

A: Well, **give me a call** Sunday night if you're free for dinner.

B: Will do. **Remind** me Saturday night, okay?

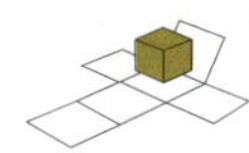

slice 조각

A: 얼마나 남았어요?

B: 케이크가 3조각, 체리 파이 반이 남아있어요.

A: 남긴 음식이라고 하기엔 너무 많네요.

B: 제가 혼자 먹긴 많죠!

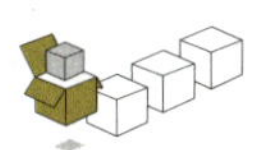

give someone a call ~에게 전화 걸다

A: 이번 주말에 일하니?

B: 생각나게 하지 마.

A: 그래, 저녁 먹을 시간 되면 일요일 저녁 때 전화해.

B: 알겠어. 토요일 밤에 다시 알려줘, 알겠지?

SPEAKING TIP!

많은 = a lot of

a lot of는 '(수나 양이) 많은'이라는 의미로 사용할 수 있습니다. 수가 많을 때는 many, 양이 많은 경우에는 much로 바꾸어 사용할 수 있습니다. 하지만 much는 부정문에 사용되는 경우가 일반적입니다.

remove　[동]　옮기다, 제거하다

연관 어휘

take out ~을 꺼내다 | **get something out** ~을 꺼내다 | **pull out** 뽑아내다
delete 삭제하다 | **erase** 지우다 | **cut out** 잘라내다

Dialogue

A: Sorry I'm late. I had to go to the doctor to get a **splinter removed**.

B: That's quite the splinter.

A: Yeah, it was pretty **deep**. He had to **cut** it **out**.

B: Ouch! Did you need **stitches**?

repair　[동]　고치다, 수리하다

연관 어휘

fix 고치다 | **mend** 수선하다 | **service** 점검
(high) maintenance (고비용의) 보수관리

Dialogue

A: Any idea where I can get my pants **repaired**?

B: There's a full-**service** shop downtown.

A: Great. I'll get them **fixed** this weekend.

B: Here, let me get you their number. They **mended** my suit last month and **did a great job**.

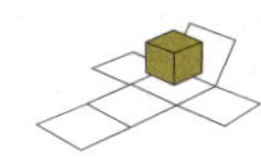

splinter 가시, 조각 | **deep** 깊은 | **stitch** 바늘땀, 봉합

A: 미안, 늦었네. 가시가 박혀서 병원에 빼러 갔었어.

B: 가시 박힌 게 심했나 봐.

A: 응, 아주 깊게 박혀서 도려내야 했어.

B: 이런! 꿰맸어?

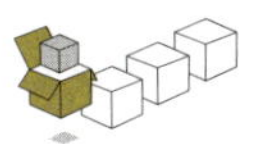

do a great job 일을 잘하다

A: 내 바지를 고칠 방법 좀 있을까?

B: 시내에 나가면 서비스 센터가 있어.

A: 잘됐다. 이번 주말에 고쳐야겠어.

B: 여기, 내가 번호 알려줄게. 지난달에 내 양복을 수선했는데 아주 잘하더라.

SPEAKING TIP!

가짜 목적어 it

영어는 주어가 너무 길어지는 것을 싫어합니다. 이런 경우 가주어로 it을 사용하는데, 목적어가 길어지는 경우에도 it을 가목적어로 사용할 수 있습니다. I find it difficult to be a single mom.의 경우 문장의 진짜 목적어는 to 이하이며, it이 가목적어가 됩니다.

Word 190

rest 명 휴식

연관 어휘

have a rest 휴식을 취하다 | **take a break** 쉬다 | **get some rest** 휴식을 취하다

Dialogue

A: You look **exhausted**! Maybe you should **take a break**.

B: Yeah, I could use a **rest**.

A: What do you need me to do?

B: Can you finish making dinner?

Word 191

reveal 동 폭로하다

연관 어휘

show 밝히다 | **unveil** 공개하다 | **expose** 노출하다 | **disclose** 밝혀내다

Dialogue

A: The **government** is going to enact **whistleblower protection**.

B: Well that's good. It's time to **unveil** a lot of failures.

A: It will be interesting to see what's **revealed**.

B: But it's necessary for the **voters** to know.

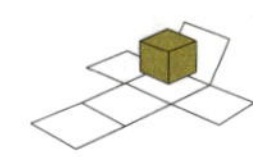

exhausted 기진맥진한, 탈진한

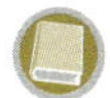
A: 당신 피곤해 보여요! 좀 쉬어야 할 것 같은데.
B: 그래요. 좀 쉬어야겠죠.
A: 내가 뭘 해줄까요?
B: 저녁을 마저 해줄래요?

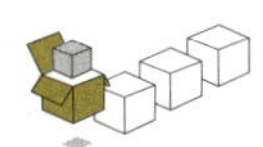

government 정부 | **whistleblower** 내부고발자
protection 보호, 보호책 | **voter** 투표자, 유권자

A: 정부가 내부고발자 보호프로그램을 시행하려고 한대.
B: 그거 잘 됐네. 많은 비리들이 밝혀지겠군.
A: 무엇이 드러나는지 보는 게 참 재미있을 거야.
B: 유권자들은 반드시 알아야지.

SPEAKING TIP!

[it's time+과거, it's time+to부정사]

[it's time+과거형]이 오는 경우는 가정법 표현으로 '이미 ~해야 했는데 하지 않았다'라는 의미입니다. 하지만 [it's time+to부정사]가 오는 경우는 '~할 시간이 되었다'라는 의미로만 사용됩니다.

Word 192

reverse 　명 반대　동 뒤집다, 반대로 하다

연관 어휘

reverse oneself ~의 생각, 태도를 바꾸다 | **undo** 원상태로 되돌리다 | **opposite** 반대의
reverse the charges 수신자부담 전화를 걸다 | **reversible** 거꾸로 할 수 있는

Dialogue

A: Sounds like the boss **reversed** his **decision**.
B: What made him change his mind?
A: He **found out** other companies were moving in the **opposite direction**.
B: I guess he didn't want to **be left behind**.

Word 193

reward 　명 상, 보상　동 상을 주다

연관 어휘

just reward 당연한 보상 | **handsomely rewarded** 후한 보상
remunerate 보상하다

Dialogue

A: Dinner's on me tonight.
B: What's the **occasion**?
A: I got a **reward** for finding some guy's **wallet**.
B: Oh, look at that! **Handsomely rewarded**, I would say!

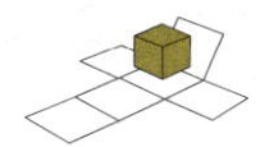

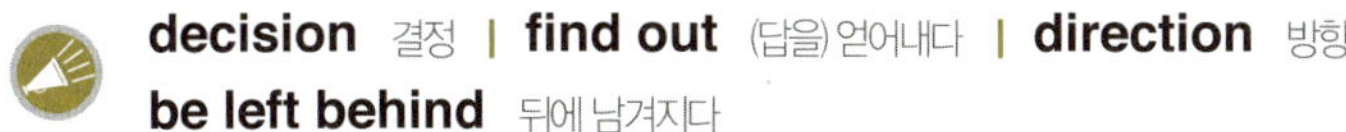

decision 결정 | **find out** (답을) 얻어내다 | **direction** 방향
be left behind 뒤에 남겨지다

A: 상사가 결정을 번복한 것 같은데.
B: 무엇 때문에 생각을 바꾸었을까?
A: 다른 회사들이 반대쪽으로 가고 있다는 것을 알아챈 거지.
B: 뒤처지기는 싫었던 모양이네.

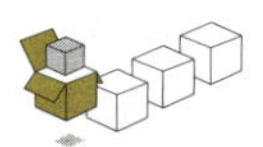

occasion 이유, 원인 | **wallet** 지갑

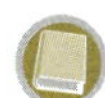

A: 오늘 저녁은 내가 살게.
B: 무슨 일로?
A: 어떤 남자 지갑을 찾아주고 보상을 좀 받았거든.
B: 와, 정말! 후하게 받았나 보구나!

SPEAKING TIP!

like는 '좋아하다'라는 의미의 동사로 사용될뿐 아니라 '~처럼'이라는 뜻의 전치사로 사용되기도 하고, '~같이'라는 의미의 접속사로 사용되기도 합니다. 전치사로 사용되는 like 다음에는 명사가 오지만 접속사로 사용될 경우 [주어+동사]의 형태가 온다는 것을 기억하세요.

Word 194

ridiculous [형] 어리석은, 우스운

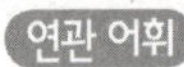

연관 어휘

nonsense 무의미 | **doesn't make sense** 말이 되지 않다
ludicrous 우스운 | **preposterous** 터무니 없는

Dialogue

A: What **nonsense** is he talking about now?
B: The president wants students to do **military** or **volunteer** service after **graduation**.
A: That's **ridiculous**!
B: Not really. It's a way to help **pay off** their **student loans**.

Word 195

risk [명] 위험

연관 어휘

dangerous 위험한 | **threat** 위협 | **risky** 위험한 | **take a chance** 운에 맡기고 해보다

Dialogue

A: Skydiving? I don't know. **Seems kind of dangerous**.
B: Oh, it's no more of a **risk** than driving to work every day.
A: I don't know.
B: **Take a chance**. You only live once!

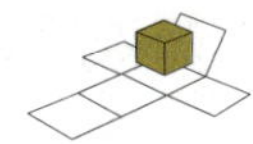

military service 군복무 | **volunteer** 자원봉사자
pay off (돈을)갚다 | **student loan** 학자금 대출

A: 저 사람 무슨 헛소리를 하고 있는 거야?
B: 회장은 학생들이 졸업 후에 군대를 가거나 자원봉사하길 원하고 있어.
A: 말도 안돼!
B: 꼭 그렇진 않아. 학자금 대출을 갚는 한 방법인 거지.

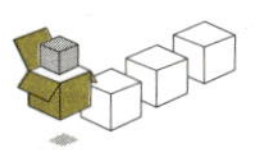

seem ~인것 같다 | **kind of** ~종류의

A: 스카이다이빙? 난 몰라. 좀 위험해 보여.
B: 오, 매일 운전해서 회사에 가는 것보다 덜 위험해.
A: 난 모른다.
B: 한 번 해봐. 인생은 한 번뿐이잖아!

SPEAKING TIP!

seems like와 it seems that

'~인 듯 하다'로 쓰이는 it seems like는 뒤에 명사가 온다는 점에서 it seems that과 차이가 납니다. it seems that의 경우 뒤에 [주어+동사]의 형태를 갖춘 절이 옵니다. seems like 다음에 동사를 사용하게 될 경우는 to부정사나 동명사를 사용합니다.

Word 196

role   명 역할

연관 어휘

play a role 역할을 맡다 | **leading role** 주역
It's someone's role ~의 역할이다 | **role model** 모범 인물

Dialogue

A: What **role do you see yourself** playing at our company?

B: I bring a lot of experience in marketing, and I'd like to **play a role** in growing the company's reach with young adults.

A: How do you see yourself **fulfilling** this role?

B: The CEO has always been my **role model**, so I'd like to take a **similar approach**.

Word 197

rude   형 무례한

연관 어휘

impolite 버릇없는 | **offense** 위반 | **insulting** 모욕적인 | **tactless** 재치 없는
bad manners 나쁜 예절 | **cheeky** 건방진

Dialogue

A: Those kids were **terribly rude**!

B: **Awful**. They had the **worst manners**.

A: If I talked like that my mom would have **washed** my mouth out with **soap**!

B: Mine too. And **grounded** me for a week!

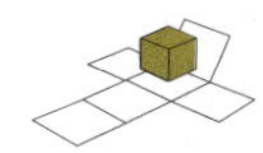

what do you see yourself ~당신은 ~하는데 어떨까요? | **fulfill** 수행하다, 성취하다
similar 비슷한, 유사한 | **approach** 접근법

A: 우리 회사에서 당신이 어떤 역할을 하고 있다고 생각합니까?

B: 마케팅 분야의 많은 경험을 하게 했으며, 젊은이들에게까지 사업 영역이 확장되도록 하는 데 기여하고 싶습니다.

A: 당신이라면 이 역할을 어떻게 수행해 나갈까요?

B: CEO는 언제나 제 역할 모델이었습니다. 그러니 저도 아마 비슷한 길을 걷지 않을까 합니다.

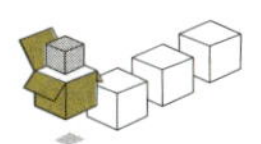

terribly 너무, 대단히 | **awful** 끔찍한 | **wash** 씻다
soap 비누 | **be grounded** 외출 금지를 당하다

A: 저 애들 너무 무례하다!

B: 끔찍해. 정말 버릇이 없지.

A: 내가 저렇게 말하면, 우리 엄마는 비누로 내 입을 씻었을 거야!

B: 나도 마찬가지지. 그리고 아마 일주일 동안 외출 금지일 걸!

SPEAKING TIP!

If I were you

대명사 I에 어울리는 be동사의 과거형은 was이지만 가정법 표현에서는 대명사 I와 함께 were가 사용됩니다. 따라서 If I were you '만일 내가 너라면'이라는 표현은 관용적으로 알아두어야 합니다.

Word 198

ruin
동 망치다   명 몰락, 파괴

연관 어휘

fall into ruin 파멸하다 | **in ruins** 엉망이 된 | **mess up** 일을 망치다
spoil 망쳐놓다 | **destroy** 파멸시키다 | **demolish** 파괴하다

Dialogue

A: Dinner is **completely ruined**. I completely **messed up**.
B: Are you **still** worried about the potatoes? It's really no big deal.
A: Everyone will be here in 20 minutes!
B: Don't let it **spoil** your night. It will be fine.

Word 199

rush
동 서두르다

연관 어휘

There's no need to rush. 서두를 필요가 없다.
What's the rush? 왜 서두르는 거예요? | **rush into a decision** 성급하게 결정하다

Dialogue

A: Where's the fire?
B: What **on earth** are you talking about?
A: **What's the rush**? What's your hurry?
B: I can't talk right now. I have to **rush** to the printer!

 **completely** 완전히 | **still** 여전히

A: 저녁 식사를 완전히 망쳤어. 내가 전부 망쳐버렸다고.

B: 아직도 감자 요리 걱정하고 있는 거야? 진짜 별 거 아니야.

A: 20분 후면 모두 도착할 거야!

B: 오늘 저녁 분위기 망치지 마. 모두 괜찮을 거야.

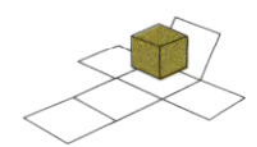

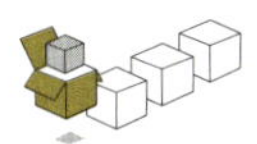

 **on earth** 도대체

A: 어디 불이라도 났어?

B: 도대체 무슨 소리 하는 거야?

A: 뭐가 그렇게 바쁘냐고? 왜 그렇게 바쁜 건데?

B: 지금은 이야기 못 해. 나 인쇄소 가야 해!

 **SPEAKING TIP!**

on time과 in time

on time은 '정각에, 정시에'라는 의미로 정확한 시간을 표현할 때 사용하고, in time은 '장차, 조만간'의 의미로 사용합니다.

Speaking VOCA

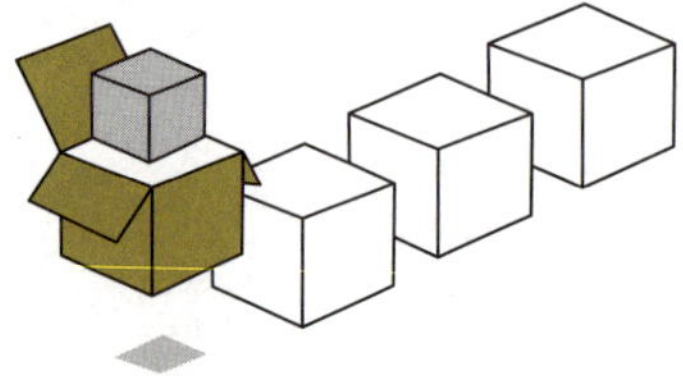

Chapter 06

S

sad · same · satisfied
search · secret · seem
sensible · separate · serious
shame · share · shout · shy
silence · silly · sink · situation
smell · solid · some · sometimes
soon · sound · special · spend
spoil · spread · spring
strange · strength · strict
subject · succeed
suddenly · suffer · suggest
suitable · sure

Word 200

sad

형 슬픈, 우울한

연관 어휘

unhappy 불행한 | **miserable** 비참한 | **glum** 침울한 | **gloomy** 우울한
blue 울적한 | **depressed** 의기소침한 | **down** 침체된 | **low** 활기가 없는
long face 시무룩한 얼굴 | **sentimental** 감상적인

Dialogue

A: Why **the long face**?

B: I'm a little **sad** about the game yesterday.

A: Don't let it get to you. It's just a game.

B: Yeah, but I **feel like** I **let my team down**.

Word 201

same

형 같은

연관 어휘

just like 마치 ~같은 | **exactly like** 꼭 ~같은
have a lot in common 많은 공통점을 가지고 있는 | **similar** 비슷한

Dialogue

A: You and your sister look pretty **similar**!

B: Yeah, and we sound **exactly** the **same** on the phone.

A: That must be **confusing**.

B: It can be. Even mom can't **tell** us **apart** sometimes!

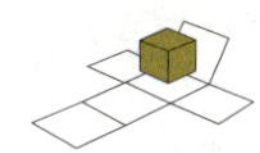

 **feel like** ~한 느낌이다 | **let something down** ~을 실망시키다

A: 왜 그렇게 우울해 하는 건데?

B: 어제 경기 때문에 좀 슬퍼서 그래.

A: 너무 상심하지 마. 그냥 게임이잖아.

B: 그래, 그렇지만 우리 팀을 너무 실망하게 한 것 같아서.

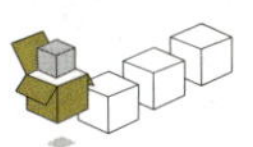

 **exactly** 정확히 | **confusing** 혼란스러운 | **tell apart** 구별하다

A: 너랑 여동생이랑 많이 닮았다!

B: 맞아, 전화 목소리도 완전 똑같지.

A: 헷갈리겠네.

B: 그럴지도. 가끔 우리 엄마도 우리를 구별 못하시니까!

 **SPEAKING TIP!**

must의 용법

must는 필요나 의무의 의미로 '~해야만 한다'라고 쓰입니다. 그래서 You must go there. 는 '넌 그곳에 가야만 한다.'라는 의미이죠. 하지만 must와 함께 의지가 들어있지 않은 동사가 쓰이는 경우에는 '~임에 틀림없다'라는 추측의 의미가 됩니다. He must be busy. '그는 바쁜 것이 틀림없다.'처럼 말이죠.

Word 202

satisfied

형 만족스러운

연관 어휘

be happy with ~에 만족하다 | **content** 만족한 | **pleased** 만족해하는
enough 충분한

Dialogue

A: How are your **grades** this **semester**?
B: **Overall** I'm pretty **pleased**. And you?
A: I guess I'm **satisfied**.
B: That's good.

Word 203

search

동 찾다

연관 어휘

Search me. 전혀 모르겠어. | **hunting for** ~을 찾다
fishing for information 정보를 끌어내다 | **rooting** 뒤적거리다

Dialogue

A: I heard the cops are **searching** for that **suspect**
in the **robbery** case.
B: Yeah, they came around earlier today **fishing for**
information.
A: Do you think they'll find him?
B: In this **neighborhood**? **Not likely**.

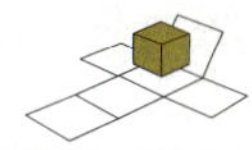

grade 등급, 성적 | **semester** 학기 | **overall** 전반적으로

A: 이번 학기 성적 어때?
B: 전반적으로는 괜찮아. 너는?
A: 만족할 것 같아.
B: 잘됐네.

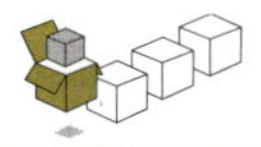

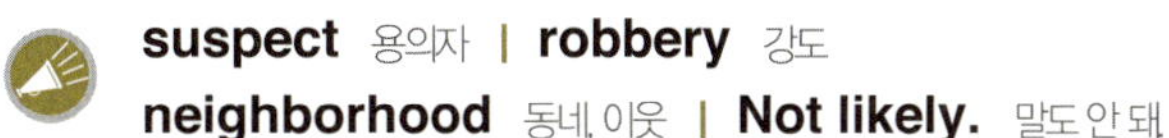

suspect 용의자 | **robbery** 강도
neighborhood 동네, 이웃 | **Not likely.** 말도 안 돼

A: 경찰들이 강도 사건의 용의자를 찾고 있다고 들었어.
B: 맞아, 오늘 그들이 일찍 들러서 정보를 캐고 갔지.
A: 경찰이 용의자를 찾을 것 같니?
B: 우리 동네에서? 그렇진 않을걸.

 **SPEAKING TIP!**

nothing but의 의미

nothing but은 '단지 ~만'이라는 의미로 사용합니다. 그래서 noting but을 only로 바꾸어 사용하기도 합니다. 이때 쓰인 but은 '그러나'라는 의미가 아닌 '~를 제외하고'라는 뜻의 except와 가깝습니다.

secret 명 비밀 형 비밀의

연관 어휘

whitewash 눈속임 | **let the cat out of the bag** 비밀을 누설하다 | **private** 사적인
spill the beans 비밀을 누설하다 | **undercover** 은밀한 | **confidential** 비밀의

Dialogue

A: The president's **in trouble**.

B: What for now?

A: He had some **secret** overseas **mission** but a **senator** **let the cat out of the bag**.

B: Not so secret now, is it?

seem 동 ～인 듯하다

연관 어휘

seem happy 행복해 보이다 | **can't seem to do** ～할 수 있을 것 같지 않다
It seems as if(though) 마치 ～인 듯 보이다
It seems like ～처럼 보이다 | **It appears** ～인 것 같다

Dialogue

A: What **seems** to be the problem?

B: I've had terrible **headaches** that are **making me sick**.

A: Well, **it appears** you might be getting **migraines**.

B: I think so!

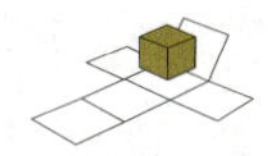

in trouble 곤경에 빠져서 | **mission** 임무 | **senator** 상원의원

A: 대통령이 좀 곤란해졌는걸.

B: 이번엔 무슨 일인데?

A: 국제 임무에 비밀이 있었던 모양인데 상원의원이 비밀을 누설했어.

B: 이제는 비밀도 아니구나, 그렇지?

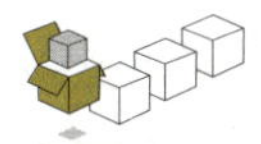

headache 두통 | **make someone sick** ～을 화나게 하다, 아프게 하다
migraine 편두통

A: 뭐가 문제인 것 같은데?

B: 나 두통이 너무 심했는데 그것 때문에 아파.

A: 흠, 편두통이 있는 모양이다.

B: 내 생각도 그래!

 **SPEAKING TIP!**

부가의문문

부가의문문은 평서문으로 쓰인 문장 뒤에 짧게 덧붙여서 만드는 의문문입니다. 그래서 영어로 부가의문문을 tag question이라고 합니다. You are a student.에 aren't you를 덧붙여 You are a student, aren't you? '넌 학생이야, 그렇지?'로 만들 수 있습니다. 앞 문장이 긍정일 땐 뒤에 태그를 긍정으로, 앞이 부정문일 때는 긍정의 태그를 붙이면 됩니다.

sensible

형 실용적인, 합리적인, 알고 있는

연관 어휘

reasonable 합리적인 | **responsible** 책임감 있는 | **rational** 합리적인
talk sense 이치에 맞는 말을 하다 | **mature** 분별 있는, 어른스러운

Dialogue

A: I need some more **sensible** shoes. These ones are killing my feet!

B: Yeah, but they're **hot**.

A: Hot, maybe, but not very **reasonable** for **daily wear**.

B: There you go, being all **rational**.

separate

동 분리하다, 떨어지다　　형 갈라진, 떨어진

연관 어휘

apart 떨어져 | **divide** 나누다 | **split** 쪼개다

Dialogue

A: I've **separated** the **laundry** into lights and darks.

B: Okay.

A: Could you **divide** the whites from the towels **while** I start these?

B: Sure thing.

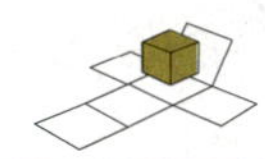

hot 멋있는, 인기 있는 | **daily wear** 매일 입는 편안한 일상복

A: 난 좀 편한 신발이 필요해. 이 신발은 발이 너무 아파!

B: 그래, 하지만 멋지잖아.

A: 멋져, 그럴지도, 하지만 매일 신기에는 적당하지 않은 것 같아.

B: 오호, 앞뒤가 맞는 말을 하는구나.

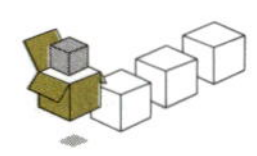

laundry 세탁물 | **while** ~하는 동안

A: 내가 세탁물을 색깔 옷과 검은 옷으로 분리했어.

B: 그래.

A: 내가 이 빨래 시작할 테니 수건에서 흰색 좀 분리해줄래?

B: 그러지 뭐.

SPEAKING TIP!

when과 while

시간을 나타내는 부사절을 이끄는 접속사 역할을 할 때 when은 특정한 시점을 나타내는 '~할 때'라는 의미이고, while은 '~하는 동안'이라는 뜻으로 연속하는 기간을 나타낼 때 사용합니다.

serious [형] 심각한, 진지한

연관 어휘

bad 심한, 지독한 | **desperate** 극심한 | **nasty** 험악한, 심각한
not joking 진심인 | **not kidding** 농담이 아닌

Dialogue

A: That's a **nasty burn**. I think you should see a doctor.
B: It's not that **bad**.
A: It looks pretty **serious**. You don't want an **infection**.
B: Fine, but you know I **hate** hospitals.

shame [명] 부끄러움, 수치   [동] 망신을 주다

연관 어휘

what a shame 아이고 창피해 | **shame on you** 부끄럽지 않느냐
put someone to shame ~에게 창피를 주다

Dialogue

A: I think more **criminals** would think **twice** if we still had public shamings.
B: You think so? I don't think **shame** is going to stop anyone.
A: **Maybe** not all crimes, but **putting someone to shame** can help with small crimes.
B: Maybe, if the family and **community** are involved.

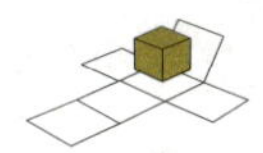

burn 화상, 덴 상처 | **infection** 감염 | **hate** 몹시 싫어하다

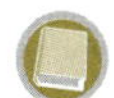

A: 심각한 화상인데. 너 병원에 가봐야 할 것 같아.

B: 그렇게 나쁘진 않아.

A: 심해 보여. 염증이 생기길 바라는 건 아니잖아.

B: 알겠어, 하지만 내가 병원 싫어하는 거 알잖아.

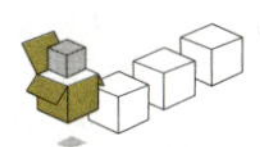

criminal 범죄자 | **twice** 두 번, 두 배 | **maybe** 아마도, 어쩌면
community 지역 사회

A: 우리가 범죄자들에게 공개적인 망신을 준다면 범죄자들도 한 번쯤 더 생각할 것 같아.

B: 그래? 나는 망신을 준다고 누구도 막을 수 있을 것 같진 않아.

A: 아마 모든 범죄를 막을 수는 없겠지만, 수치심을 주면 작은 범죄를 막을 수는 있잖아.

B: 그럴지도, 가족들과 지역 사회가 함께 한다면.

SPEAKING TIP!

'돈이 없어요.'는 I'm broke? broken?

be동사 다음 과거분사형이 등장한다는 법칙 때문에 I'm broke.와 I'm broken.을 혼동할 수 있습니다. 하지만 '돈이 없다, 파산했다'라는 의미로 사용할 경우에는 꼭 I'm broke.라고 말해야 한다는 것 잊지 마세요.

share

동 나누다, 함께 하다   명 몫, 할당량

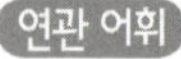

연관 어휘

take turns 번갈아 하다 | **split** 쪼개다 | **go halves** 절반으로 나누다
one for all 모든 것을 위한 하나 | **all for one** 하나를 위한 모든 것

Dialogue

A: Okay you kids. Remember to **take turns**, okay?
B: Yes, teacher. We will.
A: We all need to **share**. Sharing makes us happy.
B: **Absolutely** yes.

shout

동 외치다, 소리치다

연관 어휘

yell 큰소리를 지르다 | **scream** 비명을 지르다 | **cheer** 환호하다
call out 큰소리로 말하다 | **raise one's voice** ～의 목소리를 높이다

Dialogue

A: I can hear you fine. There's no need to **shout**.
B: If I don't **raise my voice** you don't listen.
A: That's not true. I heard everything you said.
B: Then give me some **response**!

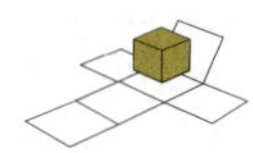

absolutely 절대적으로

A: 그래. 얘들아. 차례대로 하는 것 잊지 않았지?
B: 네, 선생님. 그럴 거예요.
A: 우리 모두 함께 해야 해. 함께 하는 건 우리 모두를 행복하게 하니까.
B: 네, 선생님.

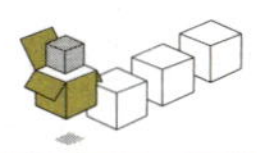

response 대답, 응답

A: 당신이 하는 말 잘 들려. 소리지를 필요는 없다고.
B: 내가 소리를 크게 안 내면 당신은 안 듣잖아.
A: 그렇지 않아. 당신이 하는 말 다 듣고 있어.
B: 그럼 대답을 좀 하라고!

SPEAKING TIP!

rise와 raise

rise는 뒤에 목적어가 없어도 문장을 완성할 수 있는 자동사이고, raise는 목적어가 있어야 문장이 완벽해 지는 타동사입니다. 따라서 '일어나다'라는 의미이면 rise를, '〜을 일으키다'라는 의미이면 raise를 사용합니다.

Word 212

shy
형 수줍은

연관 어휘

timid 겁 많은 | **reserved** 내성적인

Dialogue

A: Michael's been quite **shy** in class.

B: He's that way at home, too.

A: I'm worried that he's being too **timid** with the other children.

B: I understand. We'll try to **encourage** him to be more **outgoing**.

Word 213

silence
명 침묵

연관 어휘

break one's silence 침묵을 깨다 | **keep silent** 조용히 하다

Dialogue

A: Come here! Prince George is **breaking his silence**!

B: Really? What's he saying?

A: I'm not sure yet. **Wait a minute**.

B: I wonder what **kept** him **silent** so long.

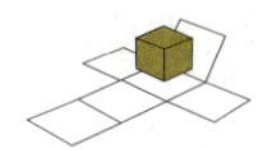

 **encourage** 격려하다 | **outgoing** 외향적인, 사교적인

A: 마이클이 요즘 수업 중에 좀 소극적인 것 같아요.

B: 집에서도 그래요.

A: 마이클이 다른 애들과 있을 때 너무 겁먹는 게 아닐까 걱정이 돼요.

B: 저도 이해해요. 그가 좀 더 밝아질 수 있도록 격려하려고 노력할게요.

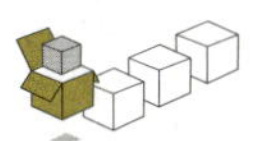

 **Wait a minute.** 기다려 봐.

A: 이리 와 봐! 조지 왕자가 침묵을 깼어!

B: 정말? 뭐라고 말했는데?

A: 아직 잘 모르겠어. 좀 기다려 봐.

B: 무엇 때문에 그가 그렇게 잠잠했는지 모르겠어.

 *SPEAKING TIP!*

[try+to부정사]와 [try+동명사]

try는 부정사와 동명사를 모두 목적어로 취할 수 있습니다. 하지만 의미의 차이는 있습니다. try 다음 부정사를 사용하는 경우는 '~하려고 노력하다'라는 의미가 됩니다. He tried to pass the exam.은 '그는 시험에 통과하려고 애썼다.'이고, He tried taking the bus.는 '그는 (시험삼아) 버스를 타보았다.'로 '(시험삼아) ~해보다'라는 의미가 됩니다.

Word 214

silly

[형] 바보 같은, 어리석은

연관 어휘

not intelligent 똑똑하지 않은 | **a silly mistake** 어리석은 실수
acting silly 어리석은 체 하는 | **dumb** 멍청한

Dialogue

A: That No Hong Cheol guy **seems** really **dumb**.
B: I heard he's actually quite **intelligent**.
A: Really? Then why does he act so **silly** on TV?
B: It's just a **character**. And it **probably pays well**!

Word 215

sink

[동] 가라앉다

연관 어휘

sink or swim 성패를 건 | **sinking fast** 급속히 쇠약해지다

Dialogue

A: What's wrong with my **brain**? This **chemistry** stuff just won't **sink** in!
B: Having a **rough** time?
A: You could call it that.
B: That's too bad. It's **sink or swim** in Dr. Mather's class.

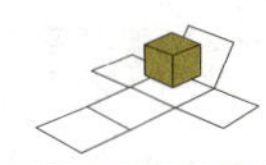

seem ~인 것 같다 | **intelligent** 똑똑한 | **character** 캐릭터, 특징, 성격
probably 아마 | **pay well** 보수가 좋다, 이윤이 많다

A: 노홍철이라는 사람 좀 바보 같아 보여.

B: 사실은 굉장히 똑똑하다던데.

A: 정말? 그런데 TV에서는 왜 이렇게 우스꽝스러운 짓을 하는 거지?

B: 그건 그냥 설정이야. 그렇게 하면 돈이 잘 벌리나 봐!

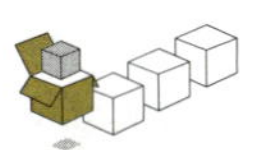

brain 뇌 | **chemistry** 화학 | **rough** 거친, 어려운

A: 내 머리가 어떻게 된 거지? 화학 공부가 도저히 이해가 되질 않아!

B: 힘든 시간을 보내고 있니?

A: 그렇다고 할 수 있지.

B: 안됐다. 매더 교수님 시간에 성패가 달린 거니까.

SPEAKING TIP!

it seems that

'~가 ~인 듯하다'라는 의미로 쓰이는 it seems that 구문은 that 이하의 주어를 문장 전체의 주어로 해서 문장을 재구성할 수 있습니다. It seems that he is busy. '그는 바빠보인다.'의 경우 He seems to be busy.로 바꿀 수 있습니다.

situation
명 상황

연관 어휘

circumstances 사정, 상황 | **things** 형편, 상황 | **position** 입장, 처지
conditions 사정, 상태 | **environment** 환경

Dialogue

A: What's the **situation** there?

B: Well, from this **position** we have a good view of the **environmental damage**.

A: How long until the **cleanup** begins?

B: It has **already** started, but it will probably take **a couple of** months.

smell
명 냄새   동 냄새를 맡다

연관 어휘

stink 악취를 풍기다 | **odor** 냄새 | **aroma** 향기 | **smelly** 고약한 냄새가 나는
have bad breath 입 냄새가 나다 | **sniff** 킁킁거리며 냄새를 맡다

Dialogue

A: What's that **smell**?

B: Hm? I don't smell anything.

A: Something **stinks**! It smells like **dirty socks**! I think it's coming from the **kitchen**.

B: Oh, that? That's my dinner.

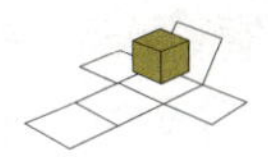

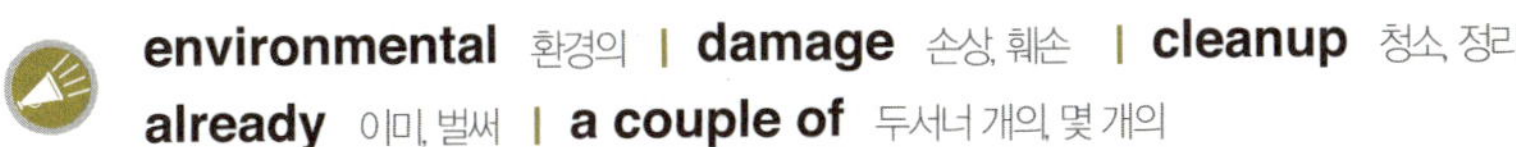

environmental 환경의 | **damage** 손상, 훼손 | **cleanup** 청소, 정리
already 이미, 벌써 | **a couple of** 두서너 개의, 몇 개의

A: 무슨 상황인 거야?

B: 음, 환경 파괴에 대한 좋은 시각을 가지고 있는 거지.

A: 청소는 언제 시작할 건데?

B: 이미 시작은 했지만, 몇 달 걸릴 거야.

dirty 더러운 | **socks** 양말 | **kitchen** 주방

A: 이 냄새가 뭐지?

B: 뭐? 냄새 안 나는데.

A: 악취가 난다고! 더러운 양말 냄새 같아! 주방에서 나는 것 같은데.

B: 아, 그래? 내 저녁이야.

✎ SPEAKING TIP!

'보다', '듣다' 등 지각에 관련된 동사들을 지각동사라고 합니다. [지각동사+목적어+동사원형]의 구조로 문장을 구성합니다. 하지만 목적어의 행동을 현실감있게 묘사하기 위해 동사원형 자리에 현재분사를 사용하기도 합니다. 목적어와 이하의 동사와의 관계가 수동일 경우는 과거분사를 사용합니다.

solid

[형] 단단한, 알찬

연관 어휘

solid evidence 확실한 증거 | **solid performance** 훌륭한 공연
a solid week 꼬박 일주일

218-219

Dialogue

A: What are you eating?

B: A chocolate **Easter** bunny. **Solid**, too; not **hollow**!

A: You'll be eating it for **a solid week**.

B: At this rate it might not **last** until tomorrow. Yum!

some

[형] 약간의, 다소의

연관 어휘

a few 조금 | **several** 몇몇의 | **a number of** 다수의
a series of 일련의 | **any** 조금도

Dialogue

A: **Several** students in our class are going to Europe this summer.

B: Where are they going, **exactly**?

A: Well, **some** of them are going to France and England, but **a few** are going to Germany, too.

B: I **wish** I could go!

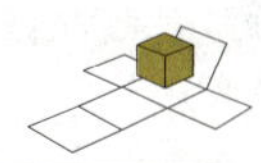

Easter 부활절 | **hollow** 속이 비어있는 | **last** 존속하다

A: 뭐 먹고 있어?

B: 초콜릿 부활절 토끼. 속이 꽉 찬 것으로!

A: 일주일 내내 그거 먹고 있을걸.

B: 이 속도로 가다가는 내일까지 남아나질 않을 것 같아. 맛있다!

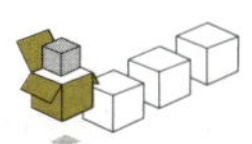

exactly 정확히

wish (가능성이 낮거나 불가능한 일을 바라며 '~였으면 좋겠다'고 생각함을 나타냄)

A: 우리 반 아이들 몇몇이 이번 여름방학에 유럽에 간대.

B: 정확히 어딜 간다는데?

A: 음, 몇은 프랑스와 영국을 간다고 하고, 몇 명은 독일에 간대.

B: 나도 가고 싶다!

 *SPEAKING TIP!*

a number of와 the number of

의미상 차이를 보면 a number of는 '많은'이라는 의미이고 the number of는 '~의 수'로 보면 됩니다. a number of 다음에는 복수동사, the number of는 단수동사를 사용합니다.

sometimes 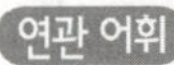 부 가끔, 종종

연관 어휘

occasionally 간혹 | **(every) now and then** 가끔
from time to time 때때로 | **off and on** 불규칙적인 | **on and off** 오락가락

Dialogue

A: **Sometimes** I just want to **climb** a mountain and **disappear** for a few weeks.

B: I know how you feel. I think we all get that way **from time to time**.

A: You feel the same way?

B: Sure, every **once in a while**.

soon 부 곧, 조만간

연관 어휘

before long 오래지않아 | **shortly** 곧 | **in the near future** 가까운 미래에
in a second 순식간에 | **in no time** 즉시 | **in a minute** 당장
as soon as possible 가능한 한 빨리

Dialogue

A: I'll be there **soon**.

B: How soon?

A: **In a minute** or two.

B: **The sooner the better**!

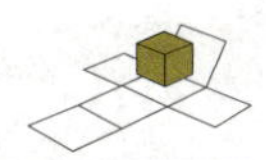

 **climb** 오르다 | **disappear** 사라지다 | **once in a while** 때때로, 가끔씩

 **A:** 가끔은 등산이나 가서 몇 주 동안 사라져버렸으면 좋겠어.

B: 어떤 느낌인지 알 것 같아. 우리 모두 가끔씩은 그런 기분이 들지.

A: 너도 같은 느낌이라고?

B: 물론, 가끔씩 그래.

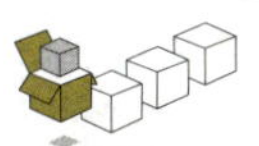

 **the sooner the better** 빠를수록 좋다

 **A:** 곧 갈게.

B: 얼마나 있다가?

A: 일 이분 안에.

B: 빠르면 빠를수록 좋아!

 **SPEAKING TIP!**

A.S.A.P.가 뭐죠?

A.S.A.P.는 as soon as possible의 첫 철자를 따서 만든 약어로 '가능한 한 빨리'라는 뜻입니다. as ~as 구문은 형용사나 부사를 사용한 동등비교를 나타내는데 쓰이며, as soon as~만 쓰면 '~하자마자'라는 뜻이 됩니다.

sound

동 ~처럼 들리다 　명 소리

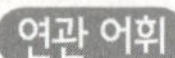

연관 어휘

I like the sound of that (상대방이 한 말에 대해) 그거 참 괜찮네 | **noise** 소리, 잡음
echo 메아리 | **make a sound** 소리를 내다 | **make a noise** 시끄럽게 하다
loud 소리가 큰, 시끄러운

Dialogue

A: It's really hot. **How about** some ice cream at Baskin Robins?
B: No, too much **noise** there. Let's go to a gelato shop.
A: Then what about Cold Stone?
B: **I like the sound of that** a lot better.

special

형 특별한

연관 어휘

particular 특정한, 특별한 | **unique** 독특한 | **once in a life time** 일생에 한번의

Dialogue

A: You're a really **special** friend.
B: Aw, you're so nice! You're **rather unique**, yourself!
A: Okay, that's so sweet my teeth hurt.
B: Yeah, I'm a little **nauseous**.

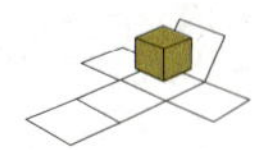

how about ～는 어때? | **a lot better** 훨씬 더 좋은

A: 너무 덥다. 베스킨 라빈스에서 아이스크림 어때?
B: 아니, 거긴 너무 시끄러워. 젤라토 샵에 가자.
A: 그러면 콜드 스톤은 어때?
B: 거기가 훨씬 더 좋겠다.

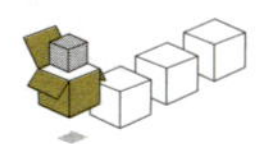

rather 오히려, 차라리 | **nauseous** 메스꺼운

A: 넌 참 특별한 친구야.
B: 와, 너 참 착하다! 너도 참 특별해!
A: 이제 그만, 너무 낯간지럽잖아.
B: 그래, 나도 속이 메스껍다.

SPEAKING TIP!

보통 의미상의 주어 앞에는 for를 사용하지만, 가주어 다음의 형용사가 사람의 성격이나 성질을 나타내는 형용사 nice '다정한', sweet '상냥한', kind '친절한' 등의 형용사가 나오는 경우는 의미상 주어 앞에 전치사 of를 사용합니다.

Word 224

spend　동 소비하다, 쓰다

연관 어휘

cut down 삭감하다, 줄이다 | **economize** 절약하다 | **expenses** 비용
stingy 인색한 | **cheap** 값싼 | **waste** 낭비하다

Dialogue

A: How much did you **spend** on that MP3 player?

B: Only $50. Can you believe it?

A: That's **cheap**!

B: I got it **refurbished**, but it looks new.

Word 225

spoil　동 망치다

연관 어휘

mess up = ruin = wreck 엉망으로 만들다, 망치다

Dialogue

A: I hate rainy days! The wind and water always **ruin** my hair.

B: You're only at school. **What's the big deal**?

A: Can't you see? It's all **messed up**!

B: Don't let it **spoil** your day, princess.

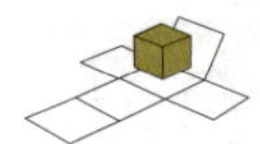

 **refurbished** 혁신된, 개조된

A: 그 MP3에 돈을 얼마나 쓴 거야?
B: 50달러 밖에 안 썼어. 믿어져?
A: 싸다!
B: 리퍼 제품을 샀지만, 새 것처럼 보이지.

 **What's the big deal?** 그게 무슨 대수라고?

A: 난 비오는 날 싫어! 바람과 물기가 머리 모양을 망치거든.
B: 어차피 학교에만 있을 거잖아. 무슨 큰일이니?
A: 안 보여? 완전히 망가졌잖아!
B: 공주님, 그런 일로 하루를 망치지 마세요.

 *SPEAKING TIP!*

동명사 숙어

'~하는데 시간이나 돈을 쓰다'라는 뜻으로 spend를 사용합니다. 이때 spend는 뒤에 동명사를 취하는데, spend ~ing 형태로 쓰입니다. 이와 유사하게, 형용사 busy도 '바쁘다'라는 의미로 사용될 때는 be busy '~하느라 바쁘다'의 경우 be busy ~ing를 사용합니다.

Word 226

spread

[동] 퍼뜨리다

연관 어휘

scatter 흩뿌리다 | **spread out** 널리 퍼지다 | **rumor** 소문 | **news** 소식

Dialogue

A: That's terrible **defence**! They need to **spread out** more!

B: I heard a **rumor** they're **looking for** a new **defensive** coach.

A: I'll do it! They should **hire** me!

B: In your dreams!

Word 227

spring

[명] 봄, 용수철, 도약   [동] 뛰어오르다, 솟아나다

연관 어휘

spring a surprise 놀라게 하다 | **spring to mind** 갑자기 생각나다
spring to life 갑자기 활발해지다

Dialogue

A: I love **spring**!

B: Me too! Everything **springing to life**, **poking out** of the **ground**…

A: The smell of the **earth**…

B: The birds returning… It's fantastic!

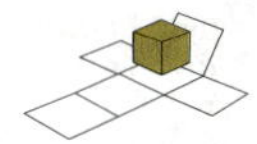

defence 수비, 방어 | **look for** ~을 찾다 | **defensive** 방어적인
hire 고용하다

A: 수비가 형편 없어! 더 퍼지라고!
B: 새로운 수비 코치를 찾고 있다는 소문 들었는데.
A: 나라도 그러겠다! 나를 고용해야 하는데!
B: 니 꿈속에서나 그러겠지!

poke out 쑥 내밀다 | **ground** 지면, 땅 | **earth** 지구, 흙, 땅

A: 난 봄이 좋아!
B: 나도! 모든 새 생명이 깨어나고, 새싹이 돋고…
A: 땅의 내음이 나고…
B: 새들도 돌아오고… 아주 좋아!

 **SPEAKING TIP!**

I wish+가정법

일어나지 않은 사실에 대한 얘기를 할 때 가정법을 사용합니다. 문장 속에서 특정한 표현 다음에는 가정법 구문이 등장하는데, 그 중 하나가 I wish구문입니다. 현재나 미래의 불가능한 일을 가정할 경우 [I wish+과거시제]를 사용하고 '~하면 좋을 텐데', '~하기를 바래'로 해석합니다.

Word 228

strange 형 이상한, 익숙하지 않은

연관 어휘

unusual 특이한 | **unexpected** 예상 밖의 | **odd** 이상한, 특이한
weird 기괴한 | **bizarre** 기이한

Dialogue

A: Your Uncle Derrick is **a bit odd**.
B: Yeah, he's a bit **strange**, but he's **kind-hearted**.
A: Has he always been this way?
B: **As long as** I've known him.

Word 229

strength 명 힘, 능력

연관 어휘

physical power 물리적 힘 | **ability** 능력, 기량 | **powerful** 영향력 있는, 강력한
inner strength 정신력, 내면의 힘

Dialogue

A: If you could meet anyone, who would it be?
B: Probably Oprah. She's an **incredible** woman.
A: She's really **powerful**-people buy whatever she suggests !
B: Yes, but she's also a woman of great **inner strength**.

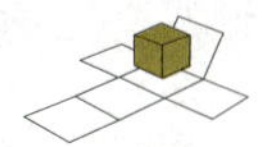

a bit 약간, 다소 | **kind-hearted** 마음씨 좋은 | **as long as** ~하는 한

A: 네 삼촌 데릭 좀 이상하더라.
B: 맞아, 좀 이상하지, 하지만 아주 친절해.
A: 계속 이랬니?
B: 내가 아는 한 계속 그랬지.

incredible 굉장한, 믿을 수 없는

A: 네가 누구든 만날 수 있다면 누구였으면 좋겠어?
B: 오프라였으면 해. 아주 굉장한 여자잖아.
A: 정말 영향력 있는 사람이지. 그녀가 제안하는 것이라면 사람들이 다 믿잖아!
B: 맞아, 또한 내면의 힘이 아주 강한 사람이지.

SPEAKING TIP!

would의 용법

would는 will의 과거형일뿐 아니라 현재의 소망이나 희망을 나타내기도 하고, 불규칙적인 습관을 나타내기도 하고 공손한 표현을 하거나 추측을 나타내기도 합니다. 하나의 뜻으로만 국한돼서 쓰이는 것이 아니기 때문에 문맥상 해석에 주의해야 합니다.

strict
형 엄격한, 엄한

연관 어휘

firm 확고한, 단호한 | **tough** 엄한 | **harsh** 가혹한 | **rigid** 엄격한, 융통성 없는

Dialogue

A: My **physics** teacher wouldn't take my report.

B: Why not?

A: I was ten minutes late. He's really **strict**.

B: No kidding. He's even **tougher** than my teacher!

subject
명 과목, 목적, 사물

연관 어휘

topic 화제, 주제 | **theme** 테마 | **issue** 주제 | **the point** 핵심, 쟁점

Dialogue

A: That meeting was a total **waste of time**.

B: Right? If people would just stay on **topic**…

A: I hate when people can't stay on the **subject** of **discussion**.

B: It's like, "Get to **the point**, already."

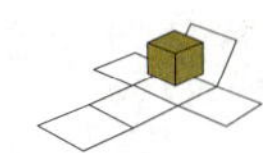

physics 물리학

A: 물리학 선생님이 내 보고서를 받아주질 않아.
B: 왜 그러는데?
A: 10분 늦게 냈거든. 선생님이 아주 엄해.
B: 장난 아니다. 우리 선생님보다 더 엄하네!

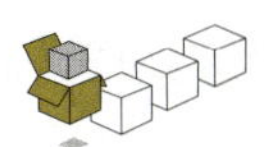

waste of time 시간낭비 | **discussion** 논의, 토의

A: 그 회의는 정말 시간낭비였어.
B: 정말? 만약 사람들이 주제와 관련된 이야기만 했다면…
A: 난 사람들이 토의 주제에서 벗어나는 게 너무 싫더라.
B: "핵심만 좀!"이라고 하고 싶지.

SPEAKING TIP!

even

even은 '평평한'이라는 뜻의 형용사, '평평하게 하다'라는 뜻의 동사로 사용됩니다. 뿐만아니라 부사로도 사용되는데 일반적인 부사가 형용사와 동사, 그 외 다른 부사를 수식하는데 반해 even은 명사나 대명사도 수식할 수 있습니다. 이때 '~조차'의 뜻으로 사용하기도 하고 비교급을 강조해 '더욱~'이라는 의미로 사용되기도 합니다.

Word 232

succeed 〔동〕 성공하다

연관 어휘

do well 잘하다 | **achieve** 성취하다 | **pull off** 해내다 | **a big smash** 대박

Dialogue

A: It's only been a few weeks, but it seems the new product is **a big smash**!

B: That's great. **Management** will be happy you **pulled off** the **launch**.

A: If it does well first quarter I'll probably get a bonus.

B: Good luck! I'm sure you'll **succeed**, though, knowing you.

Word 233

suddenly 〔부〕 갑자기

연관 어휘

all of a sudden 갑자기 | **out of the blue** 난데없이 | **dramatic** 극적인
without warning 예고 없이 | **abrupt** 갑작스러운 | **immediate** 즉각적인

Dialogue

A: How did the **accident** happen?

B: This guy **suddenly pulled out** of a side street and t-boned me.

A: That's awful! **All of a sudden** like that?

B: Completely **without warning**.

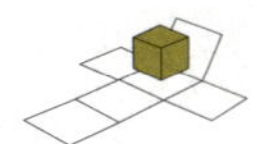

 **management** 경영진 **|** **launch** 출시

A: 몇 주 밖에 안됐는데, 새 제품이 인기가 많은 것 같아!
B: 잘됐네. 경영진들이 네가 제품 출시를 성사시켜서 기뻐하겠다.
A: 만약 1분기 성과가 좋다면 보너스를 받게 되겠지.
B: 행운을 빌어! 내가 널 알잖니. 넌 성공할 거야.

 **accident** 사고 **|** **pull out** 빠져나오다

A: 어떻게 사고가 났죠?
B: 이 사람이 갑자기 옆 길에서 빠져나오더니 옆구리를 들이받더라고요.
A: 끔찍하네요! 갑자기 그렇게 됐어요?
B: 정말 예고도 없이요.

 **SPEAKING TIP!**

숫자를 나타내는 표현

숫자를 표현할 때는 수를 세는 표현인 기수(one, two, three…), 순서를 나타내는 표현인 서수 (first, second, third…), 횟수를 나타내는 배수(once, twice, three times…) 등이 있습니다. 서수를 쓸 때는 앞에 the를 사용한다는 것과 배수에서 3 이상은 기수에 times를 붙이면 된다는 것을 알아두세요.

Word 234

suffer 동 고통을 겪다

연관 어휘

endure 견디다 | **go through** 겪다 | **hardship** 어려움

Dialogue

A: Looks like your luck is turning.

B: Thank god. I've **gone through enough** already.

A: Yeah, after all you've **suffered** the **universe owes** you something good.

B: I guess I've **built up** some good **karma**!

Word 235

suggest 동 제안하다

연관 어휘

recommend 추천하다 | **propose** 제안하다 | **put forward** 제언하다

Dialogue

A: Can you **recommend** any restaurants for dinner tonight?

B: What are you **in the mood for**?

A: Seafood or steak.

B: **In that case** I'd **suggest** the Surf n' Turf - they have **both**!

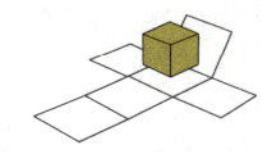

enough 충분한 | **universe** 우주, 은하계 | **owe** 신세를 지고 있다
build up 쌓다 | **karma** 업보

A: 네 운이 돌아오나 보다.

B: 하느님 감사합니다. 난 이미 많은 것을 겪었으니까.

A: 그래, 세상 모든 일을 겪었으니 하늘이 좋은 무언가는 해주겠지.

B: 내가 좋은 업보를 좀 쌓았나 봐!

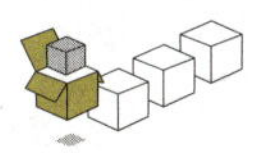

in the mood for ~할 기분이 나서 | **In that case** 그렇다면, 그런 경우에는
both 둘 다

A: 오늘 저녁 먹을 식당 하나 추천해줄래?

B: 뭐 먹고 싶은데?

A: 해산물이나 스테이크.

B: 그렇다면 Surf n' Turf가 좋겠네. 둘 다 있거든!

SPEAKING TIP!

enough의 위치?

enough는 '충분한, 충분히'라는 뜻으로 명사, 형용사와 함께 쓸 수 있습니다. 명사의 경우 enough milk, milk enough 처럼, 명사 앞과 뒤 모두 올 수 있지만, 앞에 오는 경우는 의미가 좀 더 강해집니다. enough가 형용사와 함께 나올 때는 항상 형용사 다음에 써야 합니다.

suitable　형 알맞은

연관 어휘

right 옳은 | **proper** 알맞은 | **appropriate** 적절한 | **ideal** 이상적인

Dialogue

A: Can you help me in here?

B: Sure, what's up?

A: I need something **suitable** to wear for the **banquet** this weekend.

B: How about a black dress? They're always **appropriate**.

sure　형 확실한

연관 어휘

certain 확실한 | **convinced** 확신하는 | **positive** 확실한 | **no doubt** 틀림 없는 **inevitable** 필연적인

Dialogue

A: Are you **sure**?

B: **Positive**.

A: I'm not **entirely convinced**.

B: Well, you don't have to **take my word** for it. Ask Jennifer.

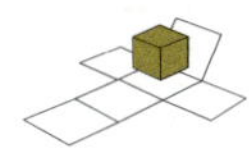

banquet 연회, 만찬

A: 여기 좀 도와줄래요?

B: 물론, 무슨 일인데요?

A: 이번 주말 연회에 입을만한 옷이 필요하거든요.

B: 검은색 드레스는 어때요? 저런 건 항상 어디에든 괜찮거든요.

entirely 전적으로, 완전히 | **take one's word** ~의 말을 믿다

A: 정말 괜찮아?

B: 괜찮아.

A: 네 말을 완전히 못 믿겠는데.

B: 내 말 꼭 믿지 않아도 돼. 제니퍼에게 물어봐.

SPEAKING TIP!

each와 every의 차이

each는 '각각'이라는 뜻으로 개별의 의미에 초점을 둔 단어이기 때문에 항상 단수 취급을 합니다. 반면 every는 '모든'이라는 뜻으로 사용하지만 역시 단수 취급을 합니다. 그 이유는 '모든'의 뜻으로 집단을 하나로 묶는 개념이기 때문입니다. every 다음에는 항상 단수명사, 단수형 동사가 옵니다.

Speaking VOCA

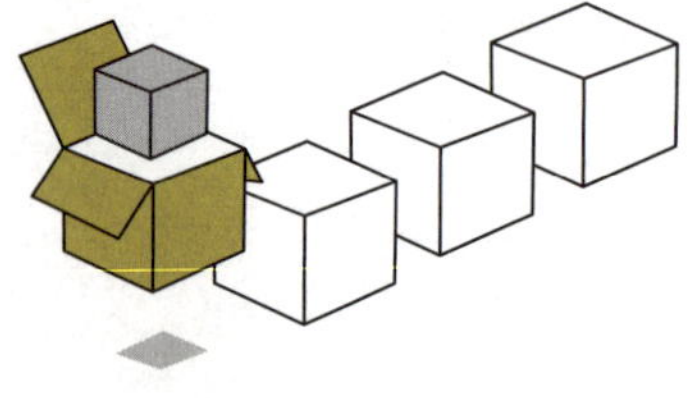

Chapter 07

T

take · tall · teach · tear
tease · temper · tend · tension
there · thick · think · threat
throat · through · tide · tidy
tight · tired · toast · together
tone · tongue · too · tooth
total · town
track · traffic · tradition
tragedy · transfer · transition
translate · treat · tremble · trend
trigger · trust · try · tune

Word 238

take

동 잡다, 받아들이다, 시간이 걸리다

연관 어휘

take in 물건을 사입하다 | **procure** 구하다 | **obtain** 얻다, 구하다

Dialogue

A: How long will it **take** to **procure** the **supplies**?

B: About six weeks start to finish.

A: So that means we need to **obtain** the **purchase** orders this week.

B: I'll go talk to **accounting** right now and **get the ball rolling**.

Word 239

tall

형 큰, 터무니없는

연관 어휘

grow tall 크게 자라다 | **a tall order** 힘든 주문 | **elevated** 높은, 고상한
towering 우뚝 솟은

Dialogue

A: I always knew basketball players were **tall**, but…

B: But what?

A: Well, I didn't **realize** just how tall they were until I went to a game last night.

B: Yeah, they just **tower over** the rest of us, don't they!

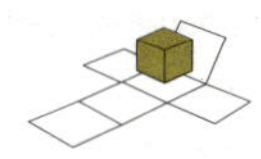

supplies 저장품, 물품 | **purchase** 구입, 구매 | **accounting** 회계, 회계부
get the ball rolling 일을 시작하다

A: 물품들 구하는데 얼마나 걸릴 것 같아?

B: 전부 6주 정도.

A: 그럼 이번 주에 구매할 것들을 주문해야 한다는 거네.

B: 지금 내가 회계부서에 가서 이야기해서 일을 시작해야겠다.

realize 깨닫다 | **tower over** ~보다 훨씬 더 크다

A: 나는 항상 농구 선수들은 키가 큰 줄 알았어, 그런데…

B: 그런데, 뭐?

A: 음, 어젯밤 경기에 가기 전까지는 선수들이 얼마나 큰지 알지 못했지.

B: 그래, 우리 같은 사람들보다는 훨씬 크니까, 그렇지!

SPEAKING TIP!

it take~ 구문

동사 take가 it과 함께 등장하는 경우는 보통 '노력이나 시간 등이 필요하다, 걸리다'라는 의미로 사용합니다. '학교까지 5분이 걸린다.'라고 말하려면 It takes 5 minutes to go to school. 이라고 합니다.

Word 240

teach

图 가르치다

연관 어휘

train 교육시키다 | **show** 가르쳐주다 | **tutor** 개인 교습하다, 지도 교사
coach 지도하다, 코치 | **instructor** 교사

Dialogue

A: Do you think you could **teach** me to kayak?

B: Sure. It would be easy. I can **show** you this weekend.

A: Great! My **own personal coach**!

B: Yep. Your own **private tutor**.

Word 241

tear

图 찢다

연관 어휘

tear one's heart out 비탄에 잠기다
tear something to pieces ~을 산산조각으로 찢다 | **rip** 찢다

Dialogue

A: John **parked** his car on the **lawn** last week and **ripped** up all the **sod**.

B: That's awful!

A: Yeah, totally **tore** it up by the **roots**.

B: Is he going to fix it?

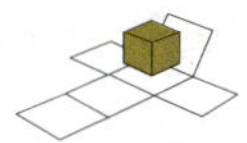

own 자신의 | **personal** 개인의 | **private** 개인소유의

A: 내게 카약 좀 가르쳐줄 수 있겠어?
B: 물론이지. 아주 쉬워. 이번 주말에 보여줄게.
A: 좋아! 내 개인 코치네!
B: 그래. 너의 과외선생님.

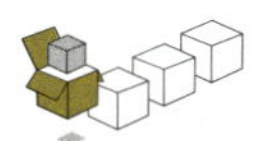

park 주차하다 | **lawn** 잔디 | **sod** 잔디 | **root** 뿌리

A: 존이 지난주에 잔디밭에 주차해서 잔디를 다 망쳐놨어요.
B: 끔찍한데!
A: 네, 뿌리까지 완전히 망가졌더라니까요.
B: 그가 고쳐놓는대?

SPEAKING TIP!

형용사가 동사로!

형용사 앞이나 뒤에 –en을 붙여서 동사를 만들기도 합니다. '~할 수 있는'이라는 뜻의 able 앞에 en을 붙이면 enable이 되며 뜻은 '~을 가능하게 하다'로 바뀝니다. 이와 같은 원리로 만들어진 동사가 en+large(큰)=enlarge(확장하다)이고, en을 뒤에 붙여 만든 동사로는 '뾰족한'이라는 뜻의 sharp가 sharpen이 된 '날카롭게 하다'가 있습니다.

Word 242

tease　동 놀리다

242-243

연관 어휘

stimulate 자극하다 | **tantalize** 감질나게 하다 | **annoy** 짜증나게 하다
get on someone's nerves ～의 신경을 건드리다 | **mock** 놀리다

Dialogue

A: It will be nice when the kids are **grown up** and stop **teasing** each other.

B: I know what you mean. They're pros at **getting on each others' nerves**.

A: It's like they only know how to **annoy each other**.

B: I'm so glad we were never like that.

Word 243

temper　명 기질, 성질

연관 어휘

short temper 급한 성미 | **lose one's temper** 성질을 부리다
be hot tempered 욱하는 성격이다 | **has a short fuse** 다혈질 성격이다

Dialogue

A: Man, my dad's **got a short fuse**.

B: Why?

A: I **borrowed** his golf clubs **without asking** and he **totally lost his temper**.

B: Why? Did you break one?

grown up 다 자란 | **each other** 서로

A: 애들이 자라서 서로 놀리지 않으면 좋을 텐데.

B: 무슨 말인지 알아. 서로 신경을 막 긁잖아.

A: 그들은 서로 괴롭히는 방법만 알고 있는 것 같아.

B: 우리는 그렇지 않아서 다행이다.

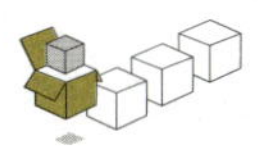

borrow 빌리다 | **without asking** 무단으로, 허락 없이 | **totally** 완전히

A: 있잖아, 우리 아빠는 정말 다혈질이야.

B: 왜?

A: 내가 허락 없이 골프채를 빌렸더니 화를 불같이 내시잖아.

B: 왜? 부러뜨리기라도 한 거야?

 **SPEAKING TIP!**

stop talking과 stop to talk

stop은 형태상 부정사와 동명사를 모두 목적어로 취하는 것처럼 보이지만 의미를 살펴보면 어떤 것이 목적어로 쓰였는지 알 수 있습니다. He stopped talking.은 '그는 말을 멈추었다', He stopped to talk.는 '그는 말을 하기 위해 멈추었다.'가 됩니다. 따라서 동명사가 목적어로 쓰인 경우이고, to부정사는 부사적 용법으로 사용된 것입니다.

tend

동 ∼하는 경향이 있다, ∼하기 쉽다

연관 어휘

tendency 성향, 경향 | **chances are high** 가능성이 높다

Dialogue

A: Do you think we're **likely to** have homework next weekend?

B: I would say **chances are high**. Dr. Mahler **tends** to give homework on weekends.

A: Yeah. I **hope** he doesn't, **though**. I'm going to the Lady Gaga concert.

B: Oh! I'm jealous!

tension

명 긴장

연관 어휘

ease the tension 긴장을 완화하다 | **tension between** ∼간의 긴장

Dialogue

A: Did you see the exhibition at MOMA?

B: No, what's on?

A: It's a **collection** of **Palestinian** and **Israeli** artists seeking to **ease the tensions** between their countries.

B: Sounds interesting. How long is it running?

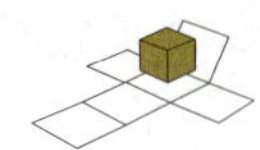

 **be likely to** ~하기 쉽다 | **hope** 희망하다 | **though** ~이긴 하지만

A: 이번 주말에 숙제가 있을 것 같아?
B: 그럴 가능성이 많지. 말러 교수님은 주말 동안 숙제를 내주시는 걸 좋아하잖아.
A: 맞아. 하지만 안 그랬으면 좋겠는데. 나 레이디 가가 콘서트 가야 하는데.
B: 이런! 나 질투 나는걸!

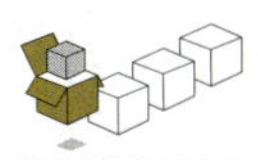

 **collection** 수집품, 소장품 | **Palestinian** 팔레스타인의 | **Israeli** 이스라엘의

A: MOMA 전시회 봤어?
B: 아니, 뭐 하는데?
A: 팔레스타인과 이스라엘 예술가들이 두 나라 사이의 긴장을 완화시킬 방법을 찾기 위한 전시회야.
B: 흥미롭네. 얼마나 오래 전시한대?

 **SPEAKING TIP!**

I cannot but love you.와 I cannot help loving you.

[cannot but 동사원형], [cannot help 동명사] 구문은 같은 의미로 '~하지 않을 수 없다'라는 뜻입니다. 이와 유사하게 [cannot avoid 동명사]를 사용해도 같은 의미입니다. 처음 제시된 [cannot help 동명사] 구문의 help는 '돕다'의 의미가 아니라 '피하다(avoid)'라는 의미로 사용되었습니다.

there 　부 그곳에, 그 점에

연관 어휘

there you go 여기 있어요 | **there you go again** 또 시작이군
hello there 안녕하세요

Dialogue

A: Well, hello **there**! What's new in the world?

B: Not much. How are things with you?

A: Just another day in the **struggle against** our **corporate overlords**!

B: **There you go again**!

thick 　형 두꺼운

연관 어휘

thick skin 낯두꺼움, 둔감함 | **thick hair** 숱이 많은
get something into one's thick head ~의 멍청한 머리에 이해시키다

Dialogue

A: If you're going to **survive** military service you're going to need a **thicker skin**.

B: Yeah, you're right.

A: You need to stop taking things so **personally**.

B: Good luck **getting that into my thick head**.

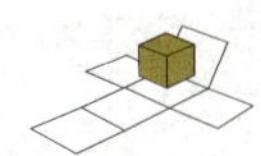

struggle 투쟁하다, 싸우다 | **against** ~에 맞서 | **corporate** 기업의
overlords 지배자, 권력자

A: 저기, 안녕! 요즘 무슨 일이야?
B: 별 일 없어. 너는 어떻게 지내?
A: 대기업 권력자들에 맞서 싸우는 날들이 계속 되는 거지!
B: 또 그러는구나!

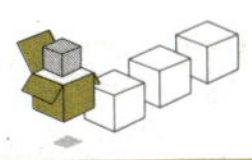

survive 살아남다, 생존하다 | **personally** 개인적으로

A: 군대에 가서 살아남으려면 너는 좀 더 낯두꺼울 필요가 있어.
B: 응, 네 말이 맞아.
A: 모든 것을 개인적으로 받아드리는 걸 그만해.
B: 나한테 그 말 백날 해봐라.

SPEAKING TIP!

독립부정사

to부정사의 형태이지만 독립된 의미를 갖고 문장 전체를 수식하는 to부정사 구문을 독립부정사 라고 합니다. 이런 독립부정사구는 관용어구로 암기해 두면 편리합니다. so to speak '말하자 면', to begin with '우선', to be sure '확실히', to sum up '요약하면', strange to say '이상하게도' 등이 있습니다.

think

동 생각하다

연관 어휘

come to think of it 그러고 보니 | **I can't hear myself think** 생각할 수가 없다
Don't even think about it. 생각하지도 마.

Dialogue

A: I can't study in here. **I can't even hear myself think**!
B: **Come to think of it**, **neither** can I. Let's **hit the library**.
A: Good idea. Ready?
B: Yeah, let's go.

threat

명 위협, 협박

연관 어휘

not bluffing 허풍이 아닌 | **threaten** 협박하다 | **not kidding** 농담이 아닌

Dialogue

A: I'm **not kidding**. My teacher called me a **threat** to **society**.
B: That's **hilarious**. You, a threat?
A: I don't know what her **problem** is.
B: It sounds **as if** she has it in for you.

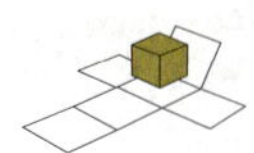

 **neither** ~도 마찬가지다 | **hit+장소** 장소에 가다

A: 여기서 공부 못하겠어. 집중이 하나도 안 되잖아!

B: 그러고 보니, 나도 전혀 안 돼. 도서관으로 가자.

A: 좋은 생각이야. 준비 됐어?

B: 응, 가자.

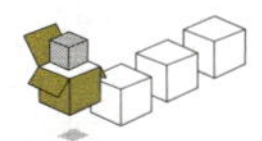

 **society** 사회, 집단 | **hilarious** 아주 우스운 | **problem** 문제
as if 마치 ~인 듯이

 **A:** 농담 아니고, 우리 선생님이 나에게 사회에 위협이 되는 존재래.

B: 완전 웃긴다. 네가 위협이라고?

A: 나는 그 선생님이 무슨 문제인지 모르겠어.

B: 선생님은 너에게 무언가 있다고 생각하는 것 같은데.

 ## SPEAKING TIP!

as if 가정법

as if는 '마치 ~인 것 처럼'이라는 뜻으로 if 다음 가정시제를 따릅니다. [as if 주어+과거]일 경우 '마치 ~인 것처럼'의 뜻이 되고, [as if 주어+과거분사]의 경우 '마치 ~이었던 것처럼'이 됩니다.

Word 250

throat [명] 목구멍

연관 어휘

clear your throat 헛기침을 하다 | **sore throat** 인후염
have a frog in one's throat 목이 쉬다

Dialogue

A: How's your **throat** today?

B: **Better than** yesterday, but not totally **healed** yet.

A: Yeah, you still sound a little **hoarse**.

B: I've **had a frog in my throat** all week.

Word 251

through [형] 끝난, 다 한 [전] ~을 통과하여

연관 어휘

put somebody through ~을 겪게 하다, (전화에서) ~을 연결하다
halfway through 중간까지 | **be through difficulty** 어려움을 겪다

Dialogue

A: Okay. I'm **halfway through** the **workout**.

B: That's good! Keep going. Only two minutes left and you'll be **through** with it.

A: How many reps have I done? You're really **putting me through** the **wringer**!

B: 35. Let's see if you can get to 50.

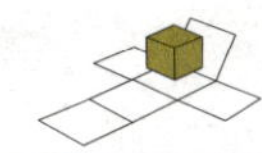

 **be better than** ~보다 낫다 | **healed** 치유되다, 낫다 | **hoarse** (목이) 쉰

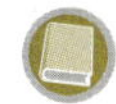 **A:** 오늘은 목이 좀 어때?
B: 어제보다는 괜찮아. 하지만 아직 다 나은 건 아니야.
A: 그래, 아직도 목소리가 좀 쉬어있네.
B: 이번 주 내내 목소리가 쉬어 있거든.

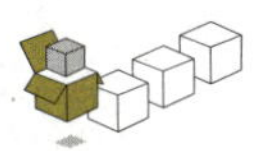

 **workout** 운동 | **wringer** 탈수기, 짜는 사람

 **A:** 이제 운동 반쯤 했다.
B: 좋아! 계속해. 2분만 더 버티면 이제 끝이야.
A: 내가 몇 세트나 한 거야? 지금 날 완전 쥐어짜고 있다고!
B: 35세트. 50세트까지 할 수 있나 한 번 보자.

 **SPEAKING TIP!**

keep+동사ing

keep과 동사의 ing형을 사용하면 '계속해서 ~하다'라는 의미가 됩니다. 하지만 [keep from ~동사ing]를 사용하면 '~하는 것을 금지하다, 막다'라는 의미가 됩니다.

Word 252

tide

명 조수, 조류 (밀물과 썰물)

연관 어휘

swim against the tide 대세에 반하다 | **swim with the tide** 대세에 따르다
turn the tide 형세를 일변시키다

Dialogue

A: Looks like the **political tide** is turning.
B: And the **conservatives** are still trying to **swim against it**.
A: If they **keep** that **up** they'll **drown**.
B: That's their own fault.

Word 253

tidy

형 깔끔한, 정돈된

연관 어휘

neat 정돈된 | **immaculate** 티 하나 없이 깨끗한
clean up 청소하다 | **straighten up** 정리하다

Dialogue

A: How do you do it?
B: Do what?
A: Have three kids and an **immaculate** house? I only have one and can't **keep** it **tidy**.
B: Well, the **housecleaning** is my husband's job. You'll have to ask him!

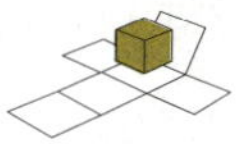

political 정치적인 | **conservatives** 보수당
keep up 계속되다 | **drown** 익사하다

A: 정치판에 한판 회오리가 불겠는걸.

B: 보수당들은 아직도 여론을 거스르는 행동을 하고 있지.

A: 계속 그런 식으로 하다가는 몰락하고 말 거야.

B: 결국 자기 탓이지 뭐.

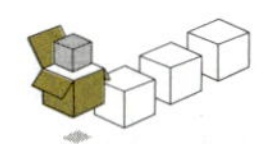

keep+형용사 ~한 상태를 유지하다 | **housecleaning** 집안 청소

A: 어떻게 했어?

B: 뭘 어떻게 해?

A: 애가 셋이나 있는데 집에 잡티 하나 없잖아? 난 애가 하나인데도 집을 깔끔하게
정돈할 수가 없어.

B: 글쎄, 청소는 남편의 일이라. 그 사람한테 물어봐야 할 거야!

SPEAKING TIP!

keep ~ing와 keep 목적어 ~ing

keep은 '계속해서 ~하다'라는 의미입니다. 문장의 주어가 행동을 지속하는 경우 [주어 keep+ing]의 형태로 사용하고, '~를 계속 ~하게 하다'의 경우에는 [keep 목적어+ing]를 사용합니다.

Word 254

tight　　　형 죄는, 단단한

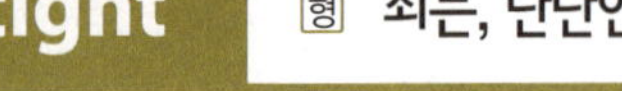

연관 어휘

a tight schedule 빡빡한 일정 | **a tight squeeze** 궁지 | **a tight budget** 긴축 예산
tight for time 시간에 쫓기는 | **tighten one's belt** 절약하다

Dialogue

A: I'm not sure I can meet you during my layover. My schedule's a bit **tighter** than I **expected**.

B: I understand.

A: Thanks. Let's try to meet in Berlin next month since we're both there for **conferences**.

B: Sure. I think that will work better. We won't be so **tight for time**.

Word 255

tired　　　형 피곤한

연관 어휘

tired of ～에 진력이 난 | **exhausted** 지친 | **worn out** 고단한
all out of energy 기진 맥진한 | **feel sleepy** 졸린 | **drowsy** 나른한

Dialogue

A: I can't wait for the **semester** to end. I'm **exhausted**.

B: Me too. I'm so **tired of** writing **papers**.

A: Have any plans for the vacation?

B: I'm looking for an **internship**. And you?

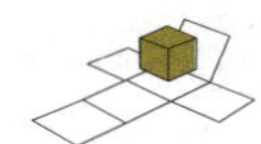

 **expected** 예상되는 | **conferences** 회의, 회담

A: 내가 체류하는 동안 너를 만날 수 있을지 잘 모르겠어. 내 일정이 생각보다 빡빡하네.

B: 그래, 이해해.

A: 고마워. 다음 달 우리 모두 컨퍼런스가 있으니 베를린에서 만나도록 하자.

B: 그래. 그게 훨씬 더 좋을 것 같아. 우리 모두 다 시간에 쫓기진 않을 테니까.

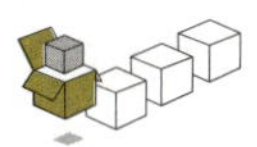

 **semester** 학기 | **paper** 논문, 종이 | **internship** 인턴사원 근무

A: 학기 끝나기만을 기다리고 있어. 너무 피곤하다.

B: 나도 그래. 논문 쓰는 게 너무 지겨워.

A: 방학 때 계획이라도 있어?

B: 인턴을 찾아 보고 있어. 너는 어때?

 **SPEAKING TIP!**

co–는 함께한다는 의미

'공동, 상호'라는 의미의 co는 명사, 형용사, 부사, 동사에 붙어 단어를 형성합니다. 명사와 단어를 만드는 경우는 co-partner '협동자', 형용사의 경우에는 co-operative '협력적인', 동사의 경우에는 co-adjust '서로 조절하다'가 있습니다.

toast 〔동〕 건배하다

연관 어휘

drink a toast to ~을 위해 축배를 들다 | **propose a toast** 건배를 제안하다

Dialogue

A: I'd like to **propose a toast**.

B: A **toast**? To what?

A: To our **friendship**: may it always be **as deep as** it is today.

B: To friendship!

together 〔부〕 함께

연관 어휘

live side by side 나란히 살다 | **joint** 공동의 | **combined** 결합한
go together 함께 가다 | **get back together** ~와 재결합하다

Dialogue

A: How long have you been **together**?

B: Well, we **broke up** for six months last year, but we **got back together**.

A: So, that makes it…

B: **About** four years.

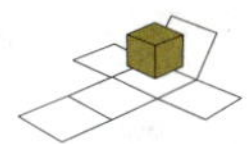

friendship 우정 | **as deep as** ~만큼 깊은

A: 건배를 제안하고 싶습니다.

B: 건배요? 무엇을 위해서요?

A: 우리의 우정을 위해서. 오늘처럼 항상 깊은 우정이 계속 되기를.

B: 우정을 위하여!

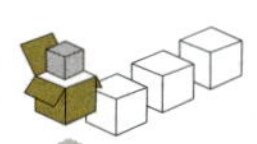

break up 헤어지다, 관계를 끊다 | **about** 약, 대략

A: 둘이 얼마나 사귀었어요?

B: 흠, 작년에 6개월 정도 헤어졌었지만, 다시 만나게 되었어요.

A: 그렇게 되면, 얼마나 된 거죠…

B: 4년 정도요.

SPEAKING TIP!

[as+형용사, 부사의 원급+as]는 '~만큼 ~하다'라는 의미입니다. 여기서 '원급'은 형용사나 부사의 원래의 형태를 의미합니다. 형용사와 부사는 그 정도를 비교함에 따라 -er을 붙인 비교급이나 -est를 붙인 최상급으로 변형시킬 수 있는데 변형하기 전의 원래 모습을 원급이라고 합니다. 그 중 as ~as 사이에는 원급만 사용할 수 있다는 것에 주의하세요.

Word 258

tone　명 어조, 음색

연관 어휘

tone down (소리나 색조 등을) 부드럽게 하다 | **tone deaf** 음치
lower the tone (소리, 분위기 등을) 낮추다 | **a tone of voice** 목소리
can't carry a tune in a bucket 노래를 못하다

Dialogue

A: Want to **sing** at karaoke tonight?

B: Me? No. I'm completely **tone deaf**.

A: **Seriously**?

B: Yeah. I **can't carry a tune in a bucket**.

Word 259

tongue　명 혀

연관 어휘

bite one's tongue 하고 싶은 말을 꾹 참다 | **lose one's tongue** 말문이 막히다
Has the cat got your tongue? 왜 아무 말 안 하는 거야?
a slip of the tongue 말실수 | **Watch your tongue!** 말 조심해!

Dialogue

A: I think I**'d better** **bite my tongue** before I say too much.

B: Yeah, I should **watch mine**, too, or I'll **get** us both **in trouble**.

A: Let's change the **topic**. So, how about that baseball game last night?

B: Quite the **matchup**!

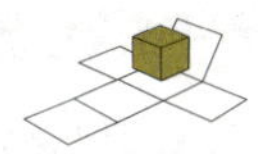

sing 노래하다 | **Seriously?** 정말이야?

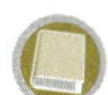
A: 오늘 노래방 가서 노래할래?
B: 나? 아니. 나 완전히 음치야.
A: 정말?
B: 응. 난 정말 노래 못해.

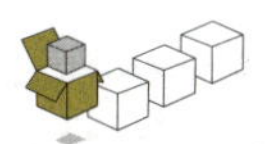

had better+동사 ~하는 편이 낫다 | **get in trouble** 곤란에 처하다
topic 화제, 주제 | **matchup** 대전, 대결

A: 나는 말을 너무 많이 하기 전에 좀 참아야 할 것 같아.
B: 맞아, 나도 말을 좀 조심해야 할 것 같아. 아니면 우리 모두 곤란해질 것 같거든.
A: 화제를 바꾸자. 어젯밤 그 야구 경기는 어땠어?
B: 굉장한 게임이었지!

SPEAKING TIP!

시간을 나타내는 부사절

when, before, after 등의 접속사가 이끄는 부사절은 시간을 나타내는 부사절입니다. 이런 시간을 나타내는 부사절에서는 현재시제를 사용해서 미래시제의 의미를 나타냅니다. before he betrays your trust '그가 네 믿음을 깨버리기 전에'의 경우, 현재시제를 사용해서 미래시제의 의미를 나타낸 것입니다.

Word 260

too

부 너무나, 지나치게

연관 어휘

too much(many), too....to do ~하기에 너무 …하다 | **far too** 너무 ~한
way too 너무 ~한 | **only too** 매우, 아주 | **too bad** 애석하지 뭐

Dialogue

A: I don't know if I'm going to **get** everything **done** by the end of the semester.

B: **Too much** to do, **too little time to do** it in.

A: **You can say that again**.

B: Can I get you another cup of coffee?

Word 261

tooth

명 치아

연관 어휘

cavity 충치 | **fill a tooth** 치아를 때우다
have bad breath 구취가 나다 | **filling** 충치봉

Dialogue

A: How did your **checkup** at the **dentist** go?

B: Not so great. She found a **cavity** in my **tooth**.

A: Did you get a **filling**?

B: Not yet. I have to go back next week to have it filled.

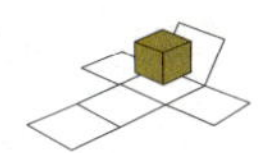

get something done ～을 끝마치다, 이루어지다
You can say that again. 당신의 말에 전적으로 동의한다.

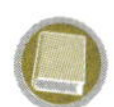
A: 이번 학기가 끝나기 전까지 모든 것을 다 끝낼 수 있을지 모르겠어.
B: 할 일은 너무 많은데, 할 시간은 정작 너무 없어.
A: 네 말이 맞아.
B: 커피 한 잔 더 줄까?

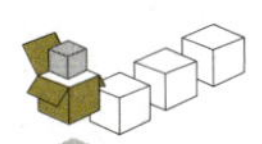

checkup 검사, 진단 | **dentist** 치과의사

A: 치과 검진받으러 갔던 거 어땠어?
B: 별로 좋진 않았어. 충치가 있다더라고.
A: 그래서 때웠어?
B: 아직. 다음 주에 다시 가서 때워야 해.

SPEAKING TIP!

동사 die의 ～ing형은 어떻게 만들까요?

동사 뒤에 ing를 붙일 때의 규칙 중 하나가 –ie로 끝나는 동사는 ie를 y로 고치고 ing를 붙이는 것입니다. 따라서 die는 dying이 됩니다. 같은 원리로 lie는 lying이 됩니다.

Word 262

total　[형] 전체의　[명] 총계, 전부

연관 어휘

altogether 모두 합쳐 | **in all** 합계하여 | **add up to** 합계가 ~이 되다

Dialogue

A: What's the **total**?

B: **Looks like** it **adds up to** about $45.

A: That's not as bad as I was **expecting**.

B: No, it's pretty **reasonable**.

Word 263

town　[명] 시내, 마을

연관 어휘

be out of town 도시를 떠나다 | **city** 도시 | **capital** 수도 | **center** 중심
inner city 도심지 | **suburb** 교외 마을 | **outskirts** 변두리
on the town 유흥을 즐기는

Dialogue

A: Do you live in **town**?

B: No, I'm out on the **outskirts**.

A: The **suburbs**?

B: **Out past** the suburbs. Right on the **edge** of town.

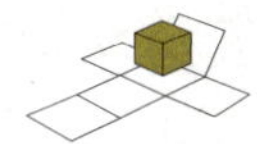

 **look like** 〜처럼 보이다, 〜인 것 같다 | **expect** 예상하다, 기대하다
reasonable 타당한, 사리에 맞는

 **A:** 총 얼마죠?
B: 전부 다 해서 45달러 정도 되는 것 같아요.
A: 내가 예상했던 것만큼 나쁘지는 않네요.
B: 아니에요, 이 정도면 합리적이죠.

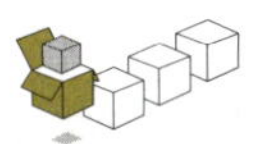

 **out past** 〜을 지나 | **edge** 가장자리, 모서리

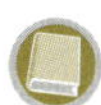 **A:** 너 시내에 살아?
B: 아니, 난 변두리에 살아.
A: 교외에?
B: 교외를 훨씬 지나서 마을 끝에 살고 있어.

 **SPEAKING TIP!**

'보다'와 '〜처럼 보이다'

look은 '보다'라는 뜻이지만 '〜처럼 보이다'라는 뜻으로도 사용됩니다. 이런 경우에는 look 다음 형용사가 와야 하고, 만약 뒤에 명사를 써야하는 경우에는 look like의 형태로 전치사를 붙여야 합니다.

Word 264

track 명 자취, 흔적   동 ~을 추적하다

연관 어휘

keep track of ~을 추적하다 | **make tracks** 급히 가다
on the right track 올바른 방향으로 향하여 | **track down** ~을 찾아내다

Dialogue

A: How do you **keep track of** everyone?

B: Well, I use this project management software to keep everyone **on the right track**.

A: And how do you know if they're not?

B: We have **regular** check-ins to see if we're meeting **deadlines**.

Word 265

traffic 명 교통, 통행

연관 어휘

traffic jam 교통 체증 | **traffic is light** 교통이 한산하다 | **signal** 신호
traffic light 신호등 | **traffic sign** 교통 표지 | **traffic noise** 자동차 소음
traffic congestion 교통 정체

Dialogue

A: What's the **traffic** report this morning?

B: The reporter is saying there's a lot of **congestion** on the highway and a **traffic jam** downtown.

A: Oh- did they say what's **causing** it?

B: There seems to have been an **accident** downtown. Someone **missed** the **signal** and drove through a **traffic light** causing a **major** accident.

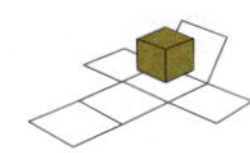

regular 정기적인, 규칙적인 | **deadline** 마감 기한

A: 어떻게 모든 사람들을 추적하죠?

B: 글쎄, 이 프로젝트 관리 프로그램을 사용해서 모든 사람이 제대로 가도록 하죠.

A: 사람들이 그렇지 않다면 어떻게 아나요?

B: 우리가 마감을 잘 지키고 있는지 확인하기 위해 정기적으로 확인을 하죠.

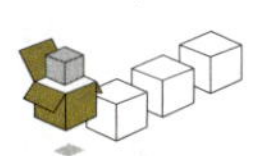

cause ~의 원인이 되다 | **accident** 사고 | **miss** 지나치다, 무시하다 | **major** 큰, 주요한

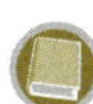

A: 오늘 아침 교통 방송에 뭐 나왔어?

B: 고속도로에 교통 정체가 심하고 시내에도 차가 많이 밀린대.

A: 아.. 왜 그러는지 말했어?

B: 시내에 사고가 있었나 봐. 누군가가 신호를 무시하고 그냥 지나가서 큰 사고가 난 거지.

SPEAKING TIP!

of use와 useful

[전치사+명사]의 형태로 형용사처럼 사용할 수 있습니다. 그 중 하나가 of use를 useful '유용한'으로 사용할 수 있다는 것입니다. '쓸모 없는'이라는 뜻의 uselsess의 의미가 되려면 of no use로 쓰면 됩니다.

Word 266

tradition 명 전통, 관습

연관 어휘

family tradition 가풍, 집안 전통 | **custom** 관습 | **traditional** 전통적인

Dialogue

A: What's the **tradition** in your family for the holidays?

B: We usually meet for cocktails and **finger foods** at one house the night before the holiday.

A: And the day of the holiday?

B: Eat all the **traditional** foods after opening presents. It's a **whole-day affair**.

Word 267

tragedy 명 비극

연관 어휘

disaster 재앙 | **tragic** 비극 | **accident** 사고 | **catastrophe** 대참사

Dialogue

A: Have you seen the news today?

B: No, what **happened**?

A: A train **disaster** in South America. 400 people **killed**.

B: What a **tragedy**!

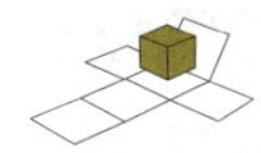

finger food 손으로 쉽게 집어먹는 간단한 음식 | **whole-day** 하루 종일
affair 일, 사건

A: 명절에 너희 가족들은 보통 뭐해?

B: 명절 전날 만나서 술 한 잔과 간단한 음식을 먹지.

A: 그리고 명절 당일은?

B: 선물을 풀어보고 나서는 전통음식을 먹는 거지. 하루 종일 행사야.

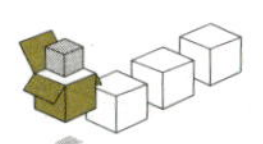

happen (계획하지 않은 일이) 벌어지다, 발생하다 | **kill** 죽이다

A: 오늘 뉴스 봤어?

B: 아니, 무슨 일인데?

A: 남아메리카에 열차 사고가 났대. 400명이 죽었어.

B: 이런 비극이 있나!

SPEAKING TIP!

3-year-old boy의 year는 왜 복수형이 아닌가요?

나이를 표현할 때 서술적으로 '나는 ~살이야'라고 할 때는 I am ~years old라고 하지만, '~살 난 소년(소녀)' 뒤에 나오는 명사를 수식해주는 경우는 숫자와 함께 ~-year-old boy(girl)의 형태로 사용합니다. 이때 ~-year-old는 형용사 역할을 하기 때문에 중간에 쓰인 year를 복수형으로 바꿀 필요가 없습니다.

transfer
동 이동하다, 이체하다

연관 어휘

change 환승하다 | **transfer power** 권력 교체

Dialogue

A: Can you **transfer** the **funds** this afternoon?
B: I have to go to the bank and **change** it **into** American dollars first, right?
A: Yes, that's **probably** best.
B: Then I can get it to you in the morning.

transition
명 (다른 상태나 조건으로의) 이행, 과도기

연관 어휘

make the transition 전환하다 | **in transition** 과도기에 있는
smooth transition 순조로운 과도기 | **transition between** ～사이의 과도기
transition period 과도기

Dialogue

A: How long will the **transition period** be?
B: They're expecting to **complete** the **transition** by the end of the month.
A: And then it will be finished?
B: If everything **goes smoothly**.

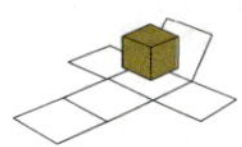

 **fund** 자금, 기금 | **change into** ~로 바꾸다 | **probably** 아마도

A: 오늘 오후에 자금 이체할 수 있어?

B: 일단 은행으로 가서 미화로 환전해야 해, 알겠지?

A: 그래, 그게 최선이겠다.

B: 그런 다음 아침에 보내줄게.

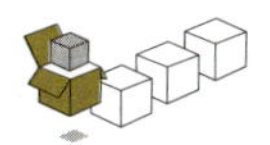

 **complete** 완료하다 | **go smoothly** 순탄하게 진행되다

A: 인수인계 기간이 얼마나 걸릴까요?

B: 이번 달 말까지 끝낼 생각을 하고 있어요.

A: 그럼 모두 완료되는 건가요?

B: 모든 것이 순조롭게 진행된다면요.

 **SPEAKING TIP!**

die of와 die from

die of는 질병으로 사망했을 경우에 주로 사용합니다. He died of lung cancer. '그는 폐암으로 죽었어.'와 같이 [die of+질병]의 경우가 많고, die from은 사고나 외상으로 사망했을 때 사용합니다.

Word 270

translate　동 번역하다

연관 어휘

translate something into ～을 ～로 번역하다 | **translate as** ～으로 번역하다

Dialogue

A: So you **translate** books **for a living**?

B: That's right. I usually **translate books into** English from German.

A: Literature?

B: Sadly no. Most of my work is with **engineering** texts.

Word 271

treat　동 다루다, 대하다, 취급하다

연관 어휘

treat someone like ～를 ～하게 대우하다 | **treat someone well** ～를 잘 대접하다
my treat 내가 (돈을) 낼게

Dialogue

A: **Put that away.** Dinner's **my treat**.

B: Your treat? I think you **treated** me last time. It's my turn.

A: Did I? Well, I got a **promotion** this month, so I'd like to buy dinner to **celebrate**.

B: Then drinks are on me.

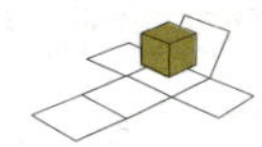

for a living 생계 수단으로 | **literature** 문학, 문학 작품
sadly 애석하게도 | **engineering** 공학 기술

A: 번역을 생업으로 하고 있나요?

B: 맞아요. 주로 독일어를 영어로 번역하는 일을 하죠.

A: 문학 작품이요?

B: 슬프게도 그건 아닙니다. 보통은 대부분 공학 서적들이에요.

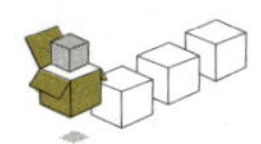

put something away ~을 넣다, 치우다 | **promotion** 승진, 진급
celebrate 기념하다, 축하하다

A: 저리 치워. 저녁은 내가 살게.

B: 네가 산다고? 지난 번에 네가 샀으니 이번엔 내 차례지.

A: 그랬나? 나 이번 달에 승진했어, 그래서 기념하는 기분으로 내가 저녁을 사고 싶어.

B: 그럼 내가 술을 살게.

✏ SPEAKING TIP!

비교급으로 나타내는 최상급

형용사나 부사의 최상급은 보통 형용사나 부사 뒤에 –est를 붙여 만듭니다. 그러나 비교급으로도 최상급의 의미를 표현할 수 있습니다. [비교급+than any other+단수명사]의 구조로 '어떤 다른 ~보다도 더 ~한'이라는 뜻의 의미상 최상급을 표현합니다. He is taller than any other students in his school. '그는 그의 학교에 다른 어떤 학생보다도 키가 크다.'라는 문장의 경우 taller라는 비교급을 사용했지만 의미는 최상급입니다.

Word 272

tremble 동 떨다

연관 어휘

shake 흔들다 | **very nervous** 매우 긴장하다, 불안해하다 | **afraid** 두려운

Dialogue

A: You're **trembling**! Are you okay?

B: I'm **very nervous**. This **exam** is going to be killer.

A: **Nonsense**. You **destroyed** the **midterm**.

B: Yeah, but I'm still worried about it.

Word 273

trend 명 경향, 추세

연관 어휘

craze 대유행 | **fad** 일시적인 유행 | **in trend** 유행인 | **hot trend** 유행인
trend-setter 유행의 선도자

Dialogue

A: I can't keep on top of all these **fads**.

B: Me **neither**. It's like there's a new **trend** every month.

A: Classic never goes out of style.

B: Exactly. Let **someone else** be the **trend-setter**.

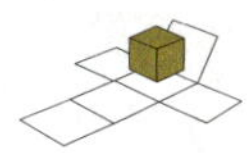

 **exam** 시험 | **nonsense** 터무니없는, 말도 안 되는 | **destroy** 파괴하다, 망치다
midterm 중간의, 한 학기 중간에

 **A:** 너 떨고 있잖아! 괜찮아?
B: 나 아주 긴장돼. 나 이 시험 때문에 죽을 것 같아.
A: 말도 안 돼. 너 중간고사도 망쳤잖아.
B: 그러니까, 하지만 아직도 걱정돼.

 **neither** (부정문에서) ~도 마찬가지다 | **someone else** 누군가 다른 사람

 **A:** 난 요즘 패션을 따라갈 수가 없어.
B: 나도 그래. 매달 새로운 유행이 나오는 것 같아.
A: 하지만 고전은 절대 사라지지 않아.
B: 맞아. 다른 사람들이나 유행을 따라가게 하자.

 ## SPEAKING TIP!

very의 뜻

공연을 보러 간다거나 고급 레스토랑에 가면 'VIP 전용'이라는 문구를 볼 수 있습니다. VIP는 very important person의 줄임말로 여기에서 very는 '매우, 대단히'라는 뜻입니다. 하지만 이 외에도 '바로 그, 다름아닌' 이라는 뜻으로도 쓰입니다. 예를 들면 It is the very item I was looking for. '이게 바로 내가 찾던 그 물건이야.'처럼 말이죠.

trigger
동 유발하다, 발사하다　명 방아쇠

연관 어휘

pull the trigger 방아쇠를 당기다 | **trigger a response** 반응을 일으키다
trigger a lot of criticisms [complaints] 많은 비난/불평을 일으키다

Dialogue

A: What made you **pull the trigger**?
B: Well, I feel I've found my **soul mate**.
A: And **none of us** are getting any younger.
B: You can say that again!

 Word 275

trust
동 믿다

연관 어휘

trustworthy 신뢰할 수 있는 | **believe** 믿다
betray one's trust ~의 신뢰를 배신하다

Dialogue

A: Do you think you can **believe** him?
B: Yeah, he's **earned** my **trust** over the years.
A: How long have you known him?
B: About fifteen years.

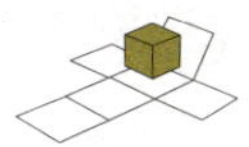

 **soul mate** 마음이 통하는 친구 **|** **none of us** 우리 중 아무도

 **A:** 무엇 때문에 그렇게 된 거야?
B: 글쎄, 내 영혼의 짝을 찾은 것 같은 기분이야.
A: 우리 중 아무도 젊어지지는 않으니까.
B: 맞는 말이야!

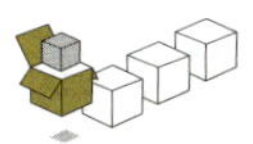

 **earn trust** 신뢰를 얻다

 **A:** 그를 믿을 수 있을 것 같아?
B: 응. 여러 해 동안 내 신뢰를 얻었으니까.
A: 그 사람 얼마나 알고 지냈지?
B: 15년 정도.

 ## SPEAKING TIP!

우리말에는 없는 시제, 완료형

영어의 현재완료 시제는 우리말에는 없는 시제입니다. 과거에 일어난 행동이나 상태가 현재까지 계속됨을 이야기하는 시제가 현재완료입니다. 이 현재완료를 사용함에 있어서 현재의 행동이 계속됨을 강조하기 위해서 현재완료진행 시제를 사용할 수 있습니다. I have been waiting for you. '나는 너를 기다리고 있다.'의 경우 과거에 시작된 wait '기다리다'의 행동이 현재까지 계속 진행되고 있음을 의미합니다.

Word 276

try

동 노력하다, 시도하다   명 노력, 시도

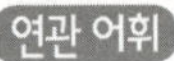

연관 어휘

try and try 재삼 시도하다 | **try anything once** 뭐든지 한번씩 하다
try hard 전력을 다하다

Dialogue

A: Have you **tried** it before?

B: Sure. I **believe in trying anything** at least **once**.

A: That's a **daring** way to live.

B: Not really. Anything less is boring.

Word 277

tune

명 음

연관 어휘

change one's tune ~의 태도, 의견을 바꾸다 | **in tune** 가락이 조화되어
sing a different tune (의견 태도 등을) 바꾸다 | **out of tune** 음이 맞지 않는

Dialogue

A: After the **leak** the government sure changed its **tune**.

B: That's the **value** of **whistleblower** protection.

A: I guess I'd **change my tune**, too, if I thought I'd lose my job.

B: More **transparency** is always better.

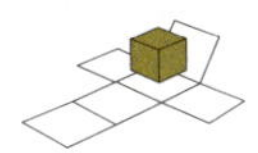

believe in ~가 옳다고 생각하다 **|** **at least** 적어도 **|** **daring** 대담한

A: 전에 이거 한 번 해봤어?
B: 물론이지. 난 무엇이든 적어도 한 번씩은 시도해 보거든.
A: 그렇게 살면 위험하잖아.
B: 그렇진 않아. 그렇게 하지 않으면 지루하잖아.

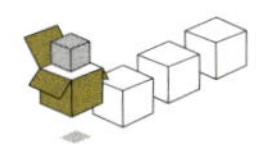

leak 누설, 유출 **|** **value** 가치, 중요성
whistleblower 내부고발자 **|** **transparency** 투명성, 투명도

A: 기밀이 누설된 이후로 정부의 태도가 분명 바뀌었어.
B: 그래서 내부고발자 보호 프로그램이 중요한 거지.
A: 내가 직장을 잃는다고 생각했다면 내 입장도 바뀌었을걸.
B: 투명할수록 좋은 거야.

SPEAKING TIP!

in-law

영어에서 친인척을 표현하는 단어는 우리말처럼 구체적이지 않고 외가와 친가를 같은 단어로 사용합니다. 그 중 가장 활용범위가 넓은 것이 하이픈을 이용해 –in-law를 붙여 만든 합성어입니다. '시어머니, 장모'는 모두 mother-in-law, '시아버지, 장인'도 father-in-law로 사용합니다.

Speaking VOCA

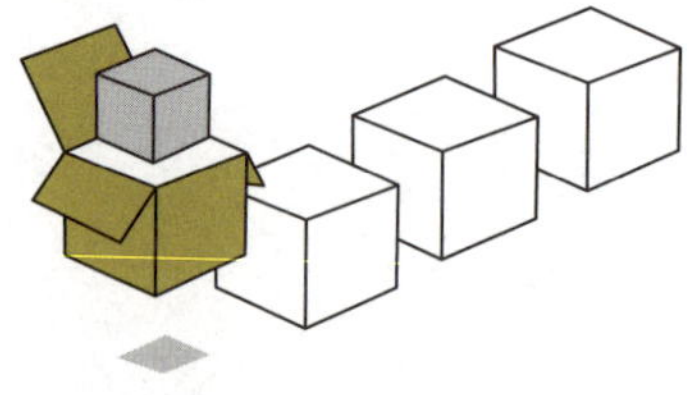

Chapter 08

U~Z

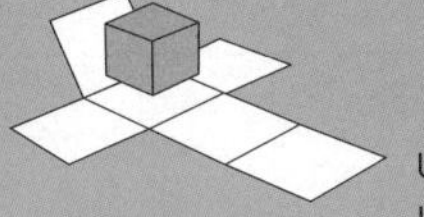

unable · uncertain · uncomfortable
underestimate · undergo · unique
unless · unlikely · unpredictable
urgent · use · used to

vacant · vague · vain · value
victim · visit · volunteer · vote

wait · wake · waste · way
weak · withdraw · worry · worth

yet · yield · zip

Word 278

unable 형 ~할 수 없는

연관 어휘

unwilling to do ~하기를 꺼리는 | **feel unable to** ~할 수 없다고 느끼다

Dialogue

A: He said he was **unable** to.
B: Unable or **unwilling to do** it?
A: It's **hard to say**.
B: I think he just doesn't want to.

Word 279

uncertain 형 불확실한

연관 어휘

it is uncertain whether ~인지 아닌지 확실치 않다
uncertain future 불확실한 미래 | **remain uncertain** 불확실한 상태이다
not self-assured 자신이 없는

Dialogue

A: Do you think Jeff can make it Saturday?
B: He **seemed** a little **uncertain** when I talked to him.
A: Maybe I should call him about it.
B: That's probably a good idea. An **uncertain future** is in nobody's better **interest**.

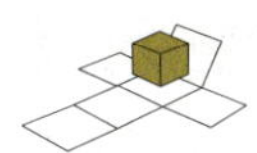

 **hard to say** 말하기 어려운

 **A:** 그는 할 수 없을 거라고 했어.
B: 할 수 없다고, 아니면 하기 싫다고?
A: 뭐라 말하기는 어렵지.
B: 내 생각에는 단지 원하지 않는 것 같은데.

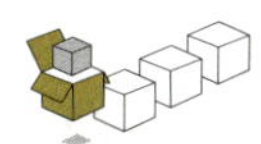

 **seem** ~인 것 같다, ~인 것처럼 보이다 | **interest** 관심, 흥미

 **A:** 제프가 토요일에 올 수 있을 것 같아?
B: 내가 말했을 때는 불확실한 것 같아 보였는데.
A: 그럼 내가 전화를 해봐야겠다.
B: 그게 좋은 생각인 것 같아. 불확실한 미래는 아무도 관심 갖지 않으니까.

U

 **SPEAKING TIP!**

otherwise는 '그렇지 않으면'이라는 의미의 접속사로 사용합니다. 명령문에서 Start right now, otherwise you will be late. '지금 시작하지 않으면 늦을 거야.'처럼 사용하는 경우는 otherwise 대신 or를 사용해도 같은 의미가 됩니다.

uncomfortable 형 불편한

make someone nervous ~을 초조하게 하다 | **awkward** 서투른
a fish out of water 물을 떠난 물고기

Dialogue

A: Will I know anyone at the party?

B: I don't know. I think one or two people.

A: I'm always a little **uncomfortable** around people I don't know.

B: Yeah, it **makes me nervous**, too, but **at least** we'll have **each other**!

 Word 281

underestimate 동 과소평가하다

연관 어휘

ignore 무시하다 | **underestimate the cost** 비용을 낮게 잡다
look down on 경멸하다

Dialogue

A: $30 for the **whole** weekend per person?

B: I know. I think George **underestimated the cost**.

A: I think so, too. I'm going to **ignore** that **suggestion** and take $50.

B: Good idea. I'll do the **same**.

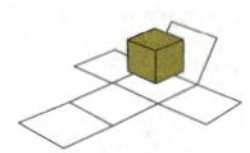

at least 적어도 | **each other** 서로

A: 파티에 오는 사람 중 내가 아는 사람이 있어?
B: 모르겠어. 한 명 혹은 두 명 정도.
A: 나는 내가 모르는 사람들 사이에 있으면 항상 조금 불편하더라고.
B: 그렇지, 나도 좀 초조해지긴 하지만, 우리 서로가 있잖아!

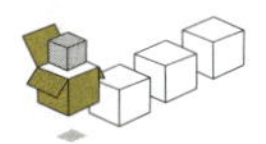

whole 전체의, 모든 | **ignore** 무시하다
suggestion 제안, 의견 | **same** 같은, 동일한

A: 1인당 30달러면 주말이 해결된다고?
B: 알아. 내 생각엔 조지가 비용을 낮게 잡은 것 같은데.
A: 내 생각도 그래. 나는 그 제안은 무시하고 50달러로 해야겠다.
B: 좋은 생각이야. 나도 똑같이 하겠어.

SPEAKING TIP!

cost와 price는 어떻게 다른가요?

cost는 보통 상품을 구매하거나 서비스를 이용할 때 소비자가 지출해야 하는 금액을 뜻하고, price는 상품이나 서비스에 매겨진 가격을 의미합니다.

Word 282

undergo 동 겪다, 경험하다

연관 어휘

undergo surgery 수술을 받다 | **treatment** 치료

Dialogue

A: How's that leg of yours doing?

B: The doctor says I'll have to **undergo surgery**.

A: Really? The **treatment** isn't **working**?

B: It doesn't seem to be.

Word 283

unique 형 유일한

연관 어휘

special 특별한 | **one-in-a-million** 최고의 사람(것)

Dialogue

A: I want to do something really **unique** for our **wedding**.

B: Like what?

A: I don't know, but my **fiancée**'s really **one-in-a-million**, so I want to do something **special** for her.

B: That's very sweet of you.

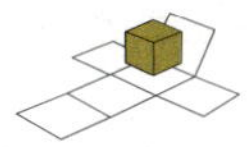

 **work** (〜하는 효과가) 나다, 있다

 **A:** 네 다리 어때?
B: 의사가 수술해야 한대.
A: 정말? 치료가 잘 안 됐어?
B: 그런 것 같아.

 **wedding** 결혼, 혼례 | **fiancée** 약혼녀

 **A:** 난 우리 결혼식을 위해 무언가 특별한 것을 원해.
B: 가령 어떤 것?
A: 잘 모르겠어. 하지만 내 약혼녀는 정말 특별해. 그래서 그녀를 위해 무언가 특별한 것을 해주고 싶어.
B: 너 정말 다정하구나.

 **SPEAKING TIP!**

동시에 일어나는 두가지 동작을 표현할 때 동사를 분사로 만들어서 표현하고 이를 부대상황이라고 합니다. I sleep on the couch reading novels. '나는 소파에서 소설을 읽고 잠을 잔다.'의 경우 책을 읽는 행동과 잠을 자는 행동이 연속적으로 이루어짐을 뜻합니다.

unless 접 ~하지 않는 한

not unless ~않는 게 아니면

Dialogue

A: I can't help you **unless** you **tell me the truth**.

B: Are you sure you won't tell anyone?

A: **Not unless** it's **necessary**.

B: I need you to promise me. **Unless** you do, I won't tell you.

unlikely 형 있을법하지 않은

highly unlikely 아주 가능성이 없는 | **most unlikely** 전혀 예상하지 못한
slim chance 희박한 가능성 | **that's not going to happen** 있어날 가능성이 없다
Chances are low. 가능성은 희박하다.

Dialogue

A: Do you think we'll have rain this weekend?

B: The **weather office** says the **chances are low**.

A: Great! I've been **looking forward to** camping all month.

B: Me too. But my chances of remembering everything?
Highly unlikely.

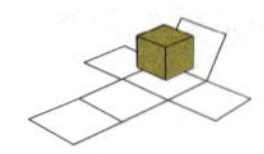

 **tell someone the truth** ～에게 진실을 말하다 | **necessary** 필요한

 **A:** 네가 진실을 이야기하지 않으면, 내가 도울 수가 없잖아.

B: 아무한테도 이야기 안 할 거야?

A: 꼭 그래야 하는 상황이 아니라면.

B: 네가 약속을 해줘야 해. 네가 약속하지 않는다면, 나는 말할 수 없어.

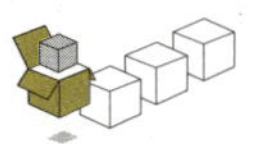

 **weather office** 기상대 | **looking forward to** ～을 기대하다

 **A:** 이번 주말에 비가 올 것 같니?

B: 일기예보로는 비올 가능성은 적다고 했는데.

A: 잘됐다! 이번 달에는 캠핑을 가려고 벼르고 있었거든.

B: 나도 그래. 하지만 내가 모든 걸 다 기억하고 있는 걸까? 전혀 그렇지 않을걸.

 ## SPEAKING TIP!

unless

unless는 의미상으로 '만약 ～이 아니면'이라는 if ~not의 의미와 같습니다. 그러나 if 이후에는 가정법 시제를 따라야 하지만, unless 뒤에는 가정법 시제를 사용하지 않는 것이 일반적입니다.

unpredictable [형] 예측할 수 없는

연관 어휘

can't see 예측할 수 없는 | **can't tell** 구별할 수 없는

Dialogue

A: Greg is really starting to **drive me crazy**.

B: How so?

A: I **can't tell** what he's thinking from one minute to the next.

B: I didn't **realize** he was so **unpredictable**.

urgent [형] 긴급한

연관 어휘

emergency 비상/긴급 상황 | **life or death situation** 생사가 걸린 위급한 상황
in urgent need of 긴급히

Dialogue

A: Give me your phone. It's an **emergency**.

B: What's the matter?

A: Lady Gaga's **signing autographs** downtown and I need to call Michelle.

B: That's **urgent**? I thought it was some **life or death situation**.

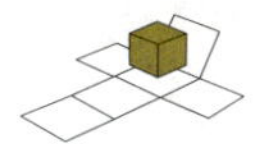

 **drive someone crazy** ~을 미치게 만들다 | **realize** 깨닫다, 알아차리다

A: 그렉이 날 미치게 만들기 시작했어.

B: 어떻게?

A: 그가 순간순간 무슨 생각을 하는지 예측할 수가 없어.

B: 그가 그렇게 예측할 수 없는 사람인지 몰랐네.

 **sign** 서명하다, 사인하다 | **autograph** 사인, 서명

A: 전화기 좀 줘봐. 긴급 상황이야.

B: 무슨 일이야?

A: 레이디 가가가 시내에서 사인을 해주고 있대. 미쉘에게 전화를 해야겠어.

B: 그게 급한 일이라고? 나는 생사가 걸린 문제인 줄 알았잖아.

 ✏️ *SPEAKING TIP!*

s'의 쓰임

apostrophe(어퍼스트로피)라고 부르는 부호는 영어에서 많이 쓰이는 생략부호입니다. he is를 줄여서 he's로 쓰기도 하고, he has를 줄여서 he's라고 쓰기도 합니다. has를 줄여서 쓰는 경우는 뒤에 동사의 과거분사가 사용됩니다. 또한 's는 일반 명사의 소유격을 나타내기도 합니다.

use   동 사용하다   명 사용, 이용

연관 어휘

consume 소비하다 | **re-use** 재사용하다 | **be in use** 사용 중인
make use of something ~을 이용하다

Dialogue

A: Will you **use** this **jar** again?

B: I'm sure I can **re-use** it for something.

A: Where should I put it in the **meantime**?

B: How about in the **cupboard** by the **sink**?

used to   조 ~에 익숙하여

연관 어휘

be accustomed to something ~에 익숙해져 있다 | **adjust to** 적응하다
settle in 안정하다 | **familiar** 익숙한

Dialogue

A: How are you **settling in** to your new **place**?

B: I think I'm starting to get **used to** it.

A: So you're **adjusting** well?

B: Yeah, I'm starting to **recognize familiar** faces and places
in the neighborhood.

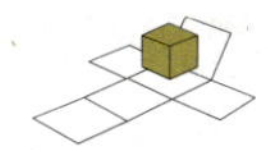

jar 병, 단지, 항아리 | **meantime** 그 동안, 중간 시간
cupboard 찬장 | **sink** 싱크대

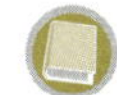
A: 이 병 다시 쓸 거니?
B: 다음에 무언가 담을 때 쓸 수 있을 거야.
A: 그럼 그때까지 어디에다 둬야 할까?
B: 싱크대 옆에 있는 찬장은 어떨까?

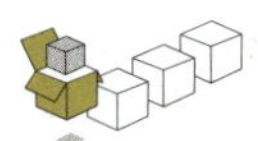
place (개인의) 집, 사는 곳 | **adjust** 적응하다 | **recognize** 알아보다

A: 새로 이사 간 곳에 적응은 잘 하고 있어?
B: 익숙해지기 시작한 것 같아.
A: 잘 적응하고 있다는 거지?
B: 그럼, 동네 사람들과 장소가 눈에 익기 시작했어.

SPEAKING TIP!

used to와 would

used to와 would는 모두 과거의 습관을 나타내는 데 사용할 수 있지만, used to는 과거의 규칙적인 습관을 나타내고, would는 불규칙적인 습관을 나타내는 것으로 구분합니다. 뿐만 아니라 used to는 지속적인 행위나 상황들을 나타내고, would는 일시적인 동작이나 행위를 의미한다고 구분하면 됩니다.

vacant

형 공허한, 빈

연관 어휘

open 비어있는 | **not taken by someone** ~에 의해 차지되지 않은
a vacant look 공허한 표정 | **a vacant seat** 빈자리

Dialogue

A: Is anyone sitting here?

B: No, this seat is **vacant**. Please **go ahead**.

A: Thank you. Is this one **open as well**?

B: I believe so.

vague

형 애매한, 모호한

연관 어휘

a vague memory 흐릿한 기억 | **a vague feeling** 희미한 감정
a vague idea 모호한 생각

Dialogue

A: I get the **vague feeling** I've been here before.

B: A little **déjà vu**?

A: Yeah. I've got this **vague memory** of having lunch here as a kid.

B: You'll have to ask your mom when she gets home.

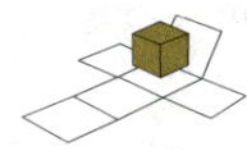

go ahead (남의 허락, 의심, 반대가 있는 경우) 시작하다, 밀고 나가다
as well ~뿐만 아니라 ~도

A: 여기 누구 앉나요?

B: 아니요. 자리 비었어요. 앉으세요.

A: 감사합니다. 이 자리도 비었나요?

B: 그럴걸요.

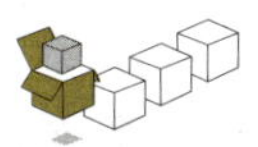

déjà vu 데자뷰 (이미 보았다는 느낌)

A: 여기에 와 본 적이 있는 느낌이 드는데.

B: 데자뷰 같은 건가?

A: 응. 어렸을 적에 점심을 먹었던 것 같은 어렴풋한 기억이 있어.

B: 엄마가 집에 오시면 엄마에게 여쭤봐.

SPEAKING TIP!

명령문에 쓰인 or

or는 일반 문장에서 사용될 경우 '혹은, 또는'이라는 의미로 사용합니다. 하지만 or가 명령문에 사용되는 경우 '~하지 않으면'이라는 뜻이 됩니다. Be hurry, or you will be late.는 '서둘러, 그렇지 않으면 늦을 거야.'로 해석합니다.

Word 292

vain [형] 헛된, 허영심이 강한

연관 어휘

a vain attempt 헛된 시도 | **try in vain** 시도했으나 실패하다
a vain effort 헛된 수고 | **a vain bid** 보람없는 시도

Dialogue

A: Look at that **comb** over. It's such **a vain attempt** to **hold on to youth**.

B: I know. And everyone knows he's **bald**.

A: Right? Just cut it off! **Confidence** is always more handsome than **self-consciousness**.

B: And yet so many men just **try in vain** anyway.

Word 293

value [명] 가치

연관 어휘

valuable 가치 있는 | **worth** ~할 가치가 있는
have sentimental value 감성적 가치가 있다 | **very little value** 거의 가치가 없는

Dialogue

A: I can't find my ring anywhere. Have you seen it?

B: No, I haven't. Is it **expensive**?

A: No, it's not really **worth** anything, but it **has** a lot of **sentimental value**.

B: I'll **keep an eye out** for it.

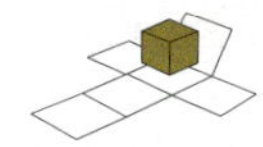

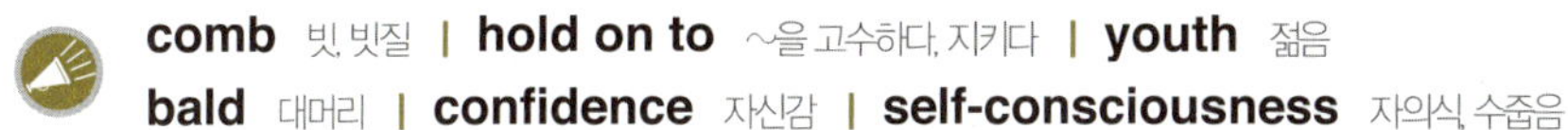

comb 빗, 빗질 | **hold on to** ～을 고수하다, 지키다 | **youth** 젊음
bald 대머리 | **confidence** 자신감 | **self-consciousness** 자의식, 수줍음

A: 저 머리 넘긴 것 좀 봐. 젊음을 잡아두려는 헛된 노력이지.

B: 알아. 모두 다 그가 대머리인 걸 알잖아.

A: 그래? 전부 집어치우라고 해! 자신감이 수줍음보다 더 멋있는 건데.

B: 그래도 많은 남자들이 헛된 노력들을 한다니까.

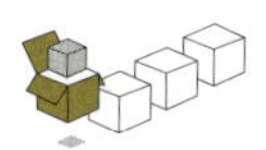

expensive 값비싼 | **keep an eye out** 주의하여 보다, 찾아보다

A: 내 반지를 어디서도 못 찾겠어. 본 적 있어?

B: 아니, 못 봤는데. 비싼 거야?

A: 아니, 그렇게 비싼 건 아니지만, 개인적으로 의미가 있는 거야.

B: 그럼 나도 좀 눈여겨볼게.

SPEAKING TIP!

busy ~ing '～하느라 바쁘다'처럼 관용적으로 동명사를 수반하는 구문이 있습니다. There is no ~ing '～하는 것은 불가능하다', It is no use ~ing, '～해도 소용없다', be worth ~ing '～할 만한 가치가 있다'가 그 예입니다.

victim　명 희생자

연관 어휘

fall victim to ~의 희생자가 되다 | **victimize** 희생시키다

Dialogue

A: How can people **fall victim to** these **phishing scams**?

B: I know. Send me $1,000 and I'll send you $25,000.
I promise!

A: And the worst thing is these scams always seem to
victimize the **elderly**.

B: I don't know whether they're kind or just **naïve**.

visit　명 방문　동 방문하다

연관 어휘

on a visit 방문 중, 체류 중 | **pay somebody a visit** ~를 방문하다
go to see 보러 가다 | **drop by** 들르다 | **stop by** 들르다

Dialogue

A: Why don't you **pay your grandmother a visit** this
weekend?

B: That's a good idea. I haven't been to see her **for a while**.

A: But give her a call, first. If you just **stop by** she might not
be home.

B: That's true. I'll call her now and see if she's going to **be
around** Saturday.

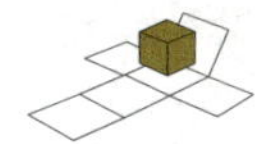

phishing scam 피싱 사기 | **elderly** 어르신들 | **naïve** 순진한

A: 이런 피싱 사기에 사람들이 어떻게 당하는 거지?

B: 그러게 말이야. 나한테 1,000 달러 보내. 그럼 내가 너에게 25,000 달러 보내 줄게. 약속해!

A: 이런 사기가 가장 나쁜 점은 항상 노인들을 희생양으로 삼는다는 거지.

B: 노인들이 친절한 건지 순진한 건지 잘 모르겠어.

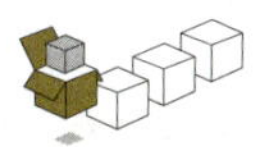

for a while 얼마 동안, 한동안 | **be around** 근처에 있다

A: 이번 주말에 할머니를 좀 찾아 뵙지 그러니?

B: 좋은 생각이에요. 요즘 통 뵙질 못했네요.

A: 하지만 먼저 전화부터 드리렴. 그냥 찾아 갔다가 집에 안 계실 수도 있잖아.

B: 그렇네요. 지금 전화 드려서 이번 주 토요일에 집 근처에 계시는지 알아볼게요.

SPEAKING TIP!

while

접속사 while은 '~동안에'라는 뜻으로 쓰여 두 개의 절을 이어주는 역할을 합니다. 하지만 '~동안에'라는 뜻 이외에 '반면에'라는 뜻으로도 사용되는데, 이럴 경우 while이 이끄는 두 개의 절은 비교나 대조의 의미를 나타냅니다.

volunteer
동 자원하다　　명 자원봉사자

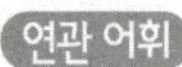

연관 어휘

offer 제안하다 | **tender** 제출하다 | **come forward with** 자원하다

Dialogue

A: So she said you should **bring** your resumé to the office?

B: Well, she didn't exactly **volunteer** the **information**.

A: What do you mean?

B: I mean she didn't **offer** it **willingly**. I had to **drag it out of** her.

vote
명 투표　　동 투표하다

연관 어휘

have a vote 투표권을 가지다 | **take a vote** 투표로 결정하다
elect 선거하다 | **ballot** 투표하다 | **cast a vote** 투표하다

Dialogue

A: Did you **vote**?

B: Me? Of course. I've cast a **ballot** in every **election** since I turned 18.

A: Really? That's **dedication**.

B: Well, I feel like it's my **duty** as a citizen to **participate**.

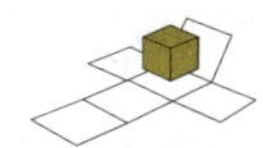

 **bring** 가져오다 | **information** 정보 | **willingly** 흔쾌히, 기꺼이
drag something out of ~에게서 ~을 끌어내다

 A: 그녀가 너에게 이력서를 꼭 가지고 사무실로 오라고 했다고?

B: 글쎄, 그녀가 자의로 정보를 주지는 않았지.

A: 무슨 뜻이야?

B: 내 말은 그녀가 기꺼이 제안을 한 건 아니라는 거지. 그 말을 내가 끌어낸 거라고 봐야지.

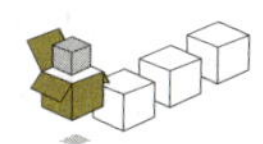

 **election** 선거 | **dedication** 헌신, 전념 | **duty** 의무
participate 참가하다

 A: 투표했어?

B: 나? 당연하지. 18살 이후로 모든 선거가 있을 때마다 투표했어.

A: 정말? 헌신적인데.

B: 글쎄, 시민으로서 당연히 참정권을 행사하는 게 나의 의무인 것 같아.

 **SPEAKING TIP!**

완료형의 힌트 since

since는 '~이후 지금까지'라는 뜻입니다. 이러한 경우 since가 사용된 문장은 습관처럼 완료형이 나옵니다. '~이후 지금까지'라는 뜻을 가장 잘 표현하는 문장이 완료형이기 때문이죠. 하지만 주의해야 할 것은 since가 이끄는 종속절에서는 과거형이 나온다는 것입니다.

wait 동 기다리다

연관 어휘

hold on 잠시 기다리다 | **just a minute** 잠깐만 | **just a second** 잠깐
wait up 자지 않고 기다리다 | **keep someone waiting** ~을 계속 기다리다

Dialogue

A: **Hold on** a second, okay?

B: What's up?

A: I've got someone waiting on **the other line**.

B: Oh, sure. I'll **wait**.

wake 동 깨다

연관 어휘

be awake 잠이 깨어있다 | **come around** 의식을 회복하다
be up 잠자리에서 일어나다 | **wake up and smell the coffee** (아침에) 정신 차리다

Dialogue

A: **Are** you **awake**?

B: Huh? Awake? I **woke up** around seven. Do I **need to be up**?

A: Yes- you **have an exam** this morning, remember? There's coffee in the kitchen when you **come around**.

B: Sounds great. I think I'm going to need it!

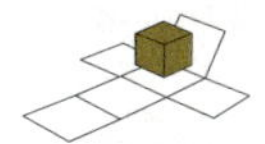

 **the other** 다른 하나 | **line** 전화, 줄, 선

 **A:** 잠깐 기다려봐, 알았지?
B: 무슨 일이야?
A: 다른 쪽에 전화가 기다리고 있어서.
B: 아, 알겠어. 기다릴게.

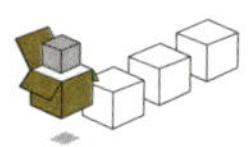

 **need to** ~할 필요가 있다 | **have an exam** 시험이 있다

 **A:** 일어났어?
B: 나? 일어났냐고? 7시쯤 일어났어. 나 일어나야 해?
A: 그럼. 오늘 아침에 시험 있잖아. 기억나? 정신차리고 일어나보면 주방에 커피가 있을 거야.
B: 좋아. 커피를 좀 마셔야 할 것 같아!

 **SPEAKING TIP!**

서술적으로 쓰면 awake

형용사는 두 가지 쓰임이 있는데 하나는 명사 앞에서 명사를 수식하는 제한적인 용법, 다른 하나는 보어 자리에서 서술적으로 쓰입니다. She is a pretty girl. '그녀는 예쁜 소녀다.'의 pretty는 제한적인 용법으로 쓰였으며 She is pretty. '그녀는 예쁘다.'는 서술적 용법이라 할 수 있습니다. awake는 항상 서술적으로 쓰입니다.

waste　동 낭비하다　명 쓰레기

연관 어휘

waste of time[energy] 시간[에너지] 낭비 | **waste one's breath** 말해봐야 소용없다
Waste not, want not. 낭비하지 않으면 아쉬워하는 일이 없을 것이다.

Dialogue

A: What a **waste**.

B: What?

A: This **assignment**. It's a total **waste of time and energy**.

B: Are you not **learning** anything from it?

way　명 길, 방법

연관 어휘

get in the way 방해되다 | **have one's way** ~의 뜻대로 하다
have come a long way 출세하다 | **That's just the way it is.** 원래 그런 것이다.

Dialogue

A: What do you think is the best **way** to study English?

B: Well, there's no easy way. Just **spend** some time on it every day. **That's just the way it is**.

A: How much time do you think is good?

B: Well, start with 15 minutes a day, and **build on** it from there.

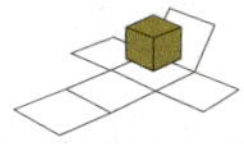

assignment 과제, 숙제 | **learn** 배우다

A: 이런 낭비가 있나.

B: 뭐?

A: 이 숙제 말이야. 이 숙제는 정말 시간과 체력 낭비라고.

B: 숙제하면서 배우는 게 하나도 없니?

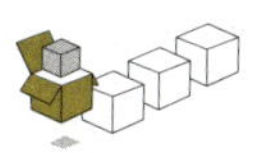

spend (돈을) 쓰다, (에너지, 노력 등을) 들이다
build on something ~에 기반을 두다

A: 영어를 공부하는 가장 좋은 방법이 뭐라고 생각해?

B: 글쎄, 쉬운 방법은 없지. 매일 조금씩 시간을 투자해야 해. 그게 가장 옳은 방법이지.

A: 시간을 얼마나 투자해야 할 것 같아?

B: 글쎄, 매일 하루에 15분부터 시작해서, 거기서부터 발전시켜 나가야지.

SPEAKING TIP!

조동사를 2개 사용하려면?

한 문장에는 조동사를 하나만 사용할 수 있습니다. 미래를 나타내기 위한 조동사 will과 가능을 나타내는 조동사 can이 한 문장에 와야하는 경우라면 will은 조동사 형태로 쓰고 can은 be able to 형태로 변환해서 will be able to의 형태로 사용합니다.

weak

[형] 약한

연관 어휘

weak point 약점 | **have a weakness for** ~에 약점이 있다

Dialogue

A: I feel so **weak**. Why is quitting smoking so **hard**?

B: I don't think you're weak. I've heard it's harder to **quit** than some **drugs**!

A: I don't know if that makes me feel better or not.

B: Well, I don't smoke, but I **have a total weakness for** chocolate. That's weak.

withdraw

[동] 끌어내다, 철회하다

연관 어휘

withdraw cash 현금을 인출하다 | **withdraw a remark** 발언을 철회하다
make a withdrawal 돈을 인출하다 | **take out some cash** 현금을 인출하다

Dialogue

A: I think I need to go to the bank and **withdraw** some **cash**.

B: You're going to go **take out some cash**? Could you stop by the corner store for me?

A: Sure, what do you need?

B: Would you mind **grabbing** some milk for coffee in the morning?

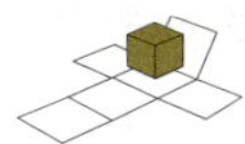

 **hard** 어려운 | **quit** 그만두다, 끊다 | **drug** 약품, 마약

 **A:** 나 약해진 느낌이야. 금연이 왜 이렇게 힘들지?

B: 약해진 게 아니라고 생각해. 내가 듣기론 마약을 끊는 것보다 더 힘들대!

A: 그 말이 지금 나에게 도움이 되는지는 잘 모르겠다.

B: 글쎄, 나는 담배는 안 피우지만, 나는 초콜릿에 완전 약하지. 그게 내 약점이야.

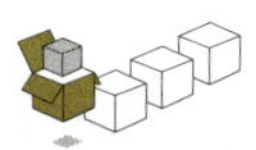

 **cash** 현금, 현찰 | **grab** 움켜잡다

 **A:** 은행에 가서 현금을 좀 뽑아와야 할 것 같은데.

B: 현금 뽑으러 간다고? 그럼 편의점에도 들렀다 와줄래?

A: 그래, 뭐가 필요한데?

B: 아침에 커피랑 마실 우유를 좀 사다 줄래?

 **SPEAKING TIP!**

go to church와 go to the church

[go to+명사]와 [go to the 명사]는 그 의미가 다릅니다. go to church는 '(예배를 보러) 교회에 가다'라는 의미이고, go to the church는 단순히 교회에 가는 것을 의미합니다. 교회 앞에서 친구를 만나러 간 것인지, 예배를 보러 간 것인지 확실하지 않은 것이죠. 관사 하나로도 의미 변화가 생길 수 있으니 주의하세요.

Word 304

worry 동 걱정하다 명 근심, 걱정

연관 어휘

no worries 걱정할 것 없다 | **not to worry** 걱정할 것 없다
you had me worried 나를 걱정하게 했다 | **worrywart** 사소한 일로 걱정하는 사람

Dialogue

A: Where are you?

B: I **was swamped with work**, why?

A: You're late and I haven't heard from you. You **had me worried**.

B: You're such a **worrywart**. I'm fine. Really, you don't need to **worry**. I'll be home in an hour.

Word 305

worth 명 가치 형 가치가 있는

연관 어휘

How much is it worth? 이것 가치가 얼마나 나가죠? | **It's not worth it.** 가치가 없다.
It's worth. 가치가 있다. | **It's worth its weight in gold.** (금처럼) 귀중한 가치가 있다.

Dialogue

A: **How much** do you think **it's worth**?

B: If it works well, **it's worth its weight in gold**.

A: And if not?

B: Well then it's **pretty much worthless**, isn't it?

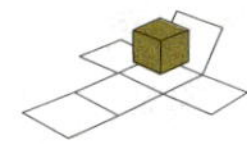

be swamped with work 일이 너무 많아 정신 없이 바쁘다

A: 어디예요?

B: 일이 너무 바빴어요, 왜요?

A: 늦었는데 연락도 없었으니까요. 걱정이 되잖아요.

B: 걱정도 팔자네요. 난 괜찮아요. 정말, 걱정할 필요 없어요. 한 시간 내로 집에 갈게요.

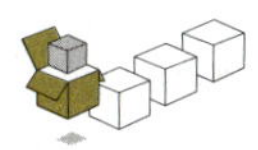

pretty much 거의 | **worthless** 가치가 없는

A: 이게 얼마만큼의 가치를 지녔다고 생각해?

B: 잘만 된다면, 아주 큰 값어치가 있겠지.

A: 만약 잘 안 된다면?

B: 그렇다면 별 쓸모 없는 게 되겠지, 그렇지 않겠어?

SPEAKING TIP!

such의 쓰임

such는 앞에 언급한 적이 있거나 비슷한 종류의 명사를 반복적으로 언급할 경우 사용하는 표현으로 [such+(a, an)+명사]의 어순으로 사용합니다. 강조의 의미로는 '정말 ~한'이라는 뜻으로 해석할 수 있습니다.

yet

부 아직

연관 어휘

still 여전히 | **even now** 그랬는데도 | **at the same time** 동시에

Dialogue

A: Are we done **yet**?

B: **Not quite**. We **still** have two more **vocabulary** words to go.

A: Only two? Let's do them now and get finished.

B: Sounds good to me.

yield

동 넘겨주다, 항복하다, 양도하다

연관 어휘

concede 양보하다 | **permit** 허락하다 | **allow** 허락하다, 용납하다

Dialogue

A: What **caused** the accident?

B: The car turning left didn't **yield** to **oncoming** traffic.

A: Well that was **stupid**.

B: And to make it worse, he wasn't even **allowed** to make a left turn at that **intersection**.

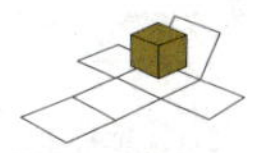

not quite 완전히 ~하지는 않은 | **vocabulary** 어휘, 단어

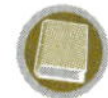
A: 아직 안됐어?

B: 아직 안됐어. 아직 단어 두 개나 더 해야 해.

A: 두 개 밖에 안돼? 그럼 얼른 지금 해버리고 끝내자.

B: 나도 그게 좋겠어.

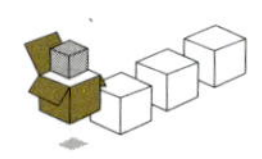

cause ~을 야기하다, 초래하다 | **oncoming** 다가오는
stupid 어리석은, 둔한 | **intersection** 교차로

A: 사고의 원인이 뭐죠?

B: 좌회전을 하는 차가 오고 있는 차들에게 양보를 안 했어요.

A: 아주 멍청한 짓이군요.

B: 더 나쁜 건 교차로에서 다른 차들이 좌회전을 하지도 못하게 했다는 거예요.

SPEAKING TIP!

the 비교급, the 비교급

비교급을 이용한 관용표현 중 하나인 [the 비교급, the 비교급]은 '~하면 할수록 ~하다'라는 의미입니다. '많으면 많을수록 좋다'라는 의미의 사자성어 다다익선을 영어로 하면 The more, the better.가 됩니다.

zip

동 지퍼로 잠그다, 쌩 하고 가다

연관 어휘

zip up 지퍼로 잠그다 | **zip to the store** 상점에 가다
keep it to oneself 비밀로 하다

Dialogue

A: I'm going to **zip to the store**. Do you need anything?

B: Hm, I can't think of anything.

A: And that thing we were talking about **earlier**, **keep it to yourself**, okay?

B: For sure. My **lips** are **zipped**.

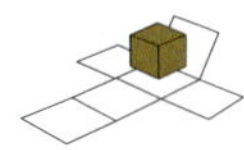

 **earlier** 아까, 예상보다 일찍 | **lip** 입술

A: 나 지금 상점에 가려고 해. 뭐 필요한 것 있어?
B: 흠, 지금 생각이 안 나는데.
A: 우리가 아까 이야기했던 것은 비밀로 해야 한다, 알았지?
B: 물론이지. 입 꾹 다물고 있을게.

 **SPEAKING TIP!**

So do I.

'나도 그래.'라는 뜻으로 상대방의 말에 호응하는 표현으로 So do I.를 사용합니다. 이때 쓰인 do동사가 앞에 나온 일반동사의 반복을 위해 사용한 대동사가 됩니다. 강조의 의미로 So를 문장 앞으로 이동시킨 후 도치의 원칙에 따라 I do가 do I로 바뀐 것입니다.

통째로 익히는 덩어리 학습법!
Speaking VOCA
스피킹 보카